目录

Contents

模块一
民航运输概述

学习目标

☞ 了解民航运输业的发展历程、民航运输的特点和作用

☞ 了解民航运输的组织机构

☞ 掌握航线、航路、航班等基本概念

单元一　民航运输业的发展历程

民航运输业是指使用飞机等航空器用于经营旅客、货物运输活动的事业，根据用途可以划分为民航旅客运输、民航货物运输和民航客货运输。本书主要介绍民航旅客运输的相关内容。

一、民航运输业的起步时期

1783 年 11 月 21 日，法国的罗齐尔和达尔朗德乘坐蒙特哥菲兄弟发明的热气球，第一次升上天空，开创了人类航空的新时代。19 世纪中叶，法国人发明了飞艇，此后用于载人载货飞行，如图 1—1 所示。

图 1—1　飞艇

1903 年 12 月 17 日，美国的莱特兄弟发明了飞机，如图 1—2 所示。从此，人们开始把飞机作为民航运输业的主要飞行器。

1910 年 11 月 7 日，美国人菲利普·帕马利（Philip Parmalee）驾驶莱特 B 型双翼机，将一批丝织品从代顿（Dayton）运往哥伦布（Columbus），这是历史上第一次飞机载货飞行。

图 1—2　莱特兄弟发明的飞机

1914 年 1 月 1 日，美国人托尼·贾纳斯（Tony Jannus）驾驶“伯努瓦”号水上飞机，搭载一名乘客，从圣彼得斯堡（St.Petersburg）飞到坦帕（Tampa），这是历史上第一次飞机载人飞行。

二、民航运输业的恢复和发展时期

1945—1958 年，民航运输业经历了恢复和发展时期。在这一时期，国际航空法律法规逐步建立和完善；全球加速兴建机场和航路等基础设施，初步形成全球范围的航空网；喷气式民用飞机开始商用，飞机的巡航速度和载客量大幅提高。喷气式民航飞机使远程、廉价的民航运输成为可能。美国、欧洲等国家和地区相继出现大量航空公司，发展中国家也把参与国际航空市场作为国家尊严和地位的象征，全力支持本国航空公司的发展。

三、民航运输业的全球化和大众化时期

20 世纪 70 年代后，民航飞机继续朝着大型化和高速度的方向发展。1970 年，波音 747 宽体飞机投入使用，这是民航飞机大型化的一个重要标志。1976 年，英国、法国联合研制的协和式超音速飞机投入使用，成为世界上飞得最快的民航飞机，如图 1—3 所示。

1978 年，美国率先放松对航空公司的管制，此后放松管制的趋势扩展到了日本、西欧等国家和地区，这使得民航运输业迅速向全球化发展。

图 1—3　协和式超音速飞机

今天，民航运输业已经发展成为一个巨大的国际性行业，对世界经济发展有着重大的影响，各国政府和企业都对民航运输业进行了大量投资，将它作为一个潜力巨大的行业来开拓发展。

四、民航运输业的全球性战略联盟时期

航空联盟是指两家或两家以上航空公司达成运输合作协议后建立的航空企业联盟。航空联盟提供了覆盖全球的航空网络，加强了国际联系，开拓了更大的运输市场，为搭乘国际航班的旅客在转机时提供更多的方便。

航空联盟重新确定了航空公司的市场定位，通过结成业务联盟的方式，各航空公司可以促使旅客更多地选择结盟伙伴的航班，从而增加竞争力，还可以利用结盟伙伴的服务设施和技术支持来降低成本、增加利润。

目前，全球客运量最大的三个航空联盟分别是天合联盟、星空联盟及寰宇一家联盟，三大航空联盟的标志如图 1—4 所示。

图 1—4　天合联盟、星空联盟及寰宇一家联盟的标志

1. 天合联盟

2000 年，法国航空公司、达美航空公司、墨西哥国际航空公司和韩国大韩航空公司联合成立天合联盟（SkyTeam Alliance），总部位于荷兰阿姆斯特丹。目前，天合联盟共拥有 19 家会员航空公司。中国东方航空公司于 2011 年 6 月正式加入天合联盟。

2. 星空联盟

1997 年，北欧航空公司、泰国国际航空公司、加拿大航空公司、汉莎航空公司及美国联合航空公司联合成立星空联盟（Star Alliance），总部位于德国法兰克福，这是世界上第一家全球性航空联盟。目前，星空联盟共拥有 28 家会员公司，航线涵盖 194 个国家及 1 329 座机场。中国国际航空公司于 2007 年 12 月加入星空联盟。

3. 寰宇一家联盟

1998 年，美国航空公司、英国航空公司、原加拿大航空公司（Canadian Airlines，现已被 Air Canada 收购）、国泰航空公司及澳洲航空公司联合成立寰宇一家联盟（One World Alliance），总部位于美国纽约。目前，寰宇一家联盟共拥有 15 家会员航空公司。

单元二　国内民航运输业的发展历史和现状

一、国内民航运输业的发展历史

1910 年，清政府向法国购买了一架“法曼”双翼机，并在北京南苑的毅军操场内开通了机场，这是我国拥有的第一架飞机和首座机场。

在北洋军阀政府和国民党政府统治时期，我国民航运输业有了一定发展，先后有过 4 家民航运输企业，主要使用德制容克型飞机、美制史汀生型飞机、DC-2 型飞机。1949 年 10 月，我国中央航空公司与中国航空公司两家航空公司共拥有 84 架飞机。

1949 年 11 月 2 日，中国民用航空总局成立，揭开了我国民航事业发展的新篇章。

1949 年 11 月 9 日，原中国航空公司和中央航空公司的 2 000 多名员工在香港举行通电起义（史称“两航起义”），分别驾驶 12 架飞机飞回祖国，与其他 17 架飞机共同组成新中国的民航机队。

1950 年，美国康维尔公司出品的 CV-204 型飞机被命名为“北京号”，毛泽东主席亲自为该机题写了“北京”二字，如图 1—5 所示。

图 1—5　“北京号”飞机

20 世纪 50 年代，我国向苏联陆续购买了伊尔 -14 运输机和伊尔 -18 运输机，从使用活塞式螺旋桨飞机开始过渡到使用涡轮螺旋桨飞机，正式进入喷气飞机时代。

1957 年 12 月，我国自主研制的运 -5 运输机首飞成功，结束了我国依靠购买外国飞机来建设民用航空事业的时代。运 -5 运输机如图 1—6 所示。

图 1—6　运-5 运输机

十一届三中全会以来，我国民用航空事业坚持体制改革，持续快速发展，取得了举世瞩目的成就。1962 年，中国民用航空总局脱离空军管制，改为国务院直属机构，实行政企合一管理。

1987 年起，中国民航实施政企分开，组建了民航华北、华东、中南、西南、西北和东北六个地区管理局。这六个地区管理局既是管理地区民航事务的政府部门，又是企业，领导和管理各民航省（区、市）局和机场。同时组建中国国际航空公司（现更名为“中国国际航空股份有限公司”）、中国东方航空公司（现更名为“中国东方航空集团有限公司”）等运输和保障企业，实行自主经营、自负盈亏。

2002 年，中国民航运输企业再次重组，成立中国民航信息集团有限公司、中国航空油料集团有限公司和中国航空器材进出口集团公司。同时，按照政企分开、属地管理的原则，把全国 93 个机场相关资产和人员一并划转地方管理。2004 年 7 月 8 日，甘肃机场移交地方管理，至此，机场属地化管理改革全面完成，这也标志着中国民航体制改革全面完成。

2008 年 3 月，中国民用航空总局更名为中国民用航空局，归交通运输部管理。

二、国内民航运输业的现状

根据中国民用航空局发布的《2017 年民航行业发展统计公报》显示：2017 年全行业完成旅客运输量 55 156 万人次，比上年增长 13.0%；完成货邮运输量 705.9 万吨，比上年增长 5.6%；全国民航运输机场完成旅客吞吐量 11.48 亿人次，货邮吞吐量 1 617.73 万吨，起降架次 1 024.9 万架次，分别比上年增长 12.9%、7.1% 和 10.9%。另外，我国自主研发的 ARJ21-700 支线客机已投入运营，国产 C919 大型客机也即将投入航线运营。

目前，我国民航运输业以持续安全为前提，以改革创新为动力，加快建设民航基础设施网络，全面提升综合国际竞争力，正努力实现从民航大国到民航强国的跨越。

单元三　民航运输的特点与作用

一、民航运输的特点

民航运输与铁路运输、公路运输、水路运输等其他运输方式相比，具有以下特点。

1. 运输速度快

民航飞机通常在两点之间作直线飞行，运输路程短，且民航飞机的飞行时速能达 900 km 左右，远远大于其他运输方式。

2. 成本高

民航运输需要购买飞机、燃油，并需要经常检修及提供相应的附属服务等，造成民航运输方式的单位运输成本偏高，旅客运价、货物运价均高于其他运输方式。

3. 更安全

随着航空技术的发展，民航运输的安全性大幅度提高。数据显示，民航运输的运输安全率远高于铁路运输、水路运输和公路运输。

知识窗

截至2016年年底，中国民航运输航空百万小时重大事故率10年滚动值为0.02，同期世界平均水平为0.22；中国民航运输航空百万架次重大事故率10年滚动值为0.04，同期世界平均水平为0.43。

截至2018年年底，我国民航实现16年零8个月空防安全无责任事故的纪录，运输航空实现安全飞行100个月、6 836万小时的安全新纪录。

4. 更舒适

民航运输空中飞行平稳、客舱宽敞、噪声小，并且有多种娱乐设施供旅客选择，给旅客提供更加舒适的乘坐体验。

5. 受天气影响大

大雾、雷雨、风暴、风切变、跑道积雪、沙尘暴、道面积冰、低能见度等都是严重危及飞行安全的因素。

6. 国际性显著

随着国际交流和国际贸易的发展，民航运输作为运输距离最远、运输速度最快的运输方式，在全球化经济中发挥着越来越重要的作用，其国际性特点较为显著。

二、民航运输的作用

民航运输业的发展，既能助力全球化经济发展，又能助推区域经济增长。

1. 促进区域经济发展

随着民航运输业的发展，以机场为中心的城市交通运输体系逐步完善，形成明显的交通优势，把资金、技术、劳动力等生产力要素有效地输送到区域之内，使得区域内部的产业发展可以挣脱资源的桎梏。例如，美国孟菲斯国际机场带动了区域经济的发展，成为全球范例。北京首都国际机场的空港经济发展也非常迅猛，其所在区域的GDP绝大部分都来自于空港相关产业，逐渐形成“国门”经济区。

2. 改善投资环境

投资环境是影响区域发展的关键因素，它是一个综合性的指标，而运输体系是否完善是其中关键性的评价标准。完善的民航运输体系能够将人员、信息及时传输到相关区

域，使特定区域与全球紧密对接起来，从而使产业发展与要素之间形成聚集优势，改善投资环境。

3. 增加区域就业机会

民航运输业的发展可以为区域增加更多的就业机会。相关研究数据表明，民航机场吞吐量与区域就业机会数量呈现正比例关系，百万吞吐量可以产生直接经济效益的总和是 1.3 亿美元，可以提供约 2 500 个就业岗位。

4. 促进服务产业升级与优化

民航运输网络越密集，区域内企业在全球范围内获得资源就越方便，从而可以有效推动电子商务、旅游等现代化服务产业的发展，促进服务产业的升级与优化。

单元四　民航运输的组织机构

一、国际民用航空组织

1. 国际民用航空组织的概况

1944 年 11 月，为促进世界民用航空安全、有序地发展，各国签订了《国际民用航空公约》（也称《芝加哥公约》），按照公约成立了临时国际民航组织（PICAO）。

1947 年 4 月 4 日，《芝加哥公约》正式生效，国际民用航空组织（ICAO）正式成立。1947 年 5 月 13 日，国际民用航空组织正式成为联合国的一个专门机构。

国际民用航空组织总部设在加拿大蒙特利尔，主要工作如下：制定国际航空安全标准，收集、审查、发布航空情报，作为法庭解决成员国之间与国际民用航空有关的任何争端，防止不合理竞争造成经济浪费，增进飞行安全等。

2001 年 10 月 2 日，在国际民用航空组织第三十五届大会上，中国以高票数当选该组织一类理事国。

2. 国际民用航空组织的机构

（1）大会

大会是国际民用航空组织的最高权力机构，由全体成员国组成。大会由理事会召集，一般情况下每三年举行一次。

大会的日常工作是通过制定和修改《芝加哥公约》的18个技术附件，以确定各国应采用的统一的民航技术业务标准，包括飞行程序、国际航路、空中交通管制、通信、气象、机务维修、适航、国际机场及设施等方面。

（2）理事会

理事会是向大会负责的常设机构，由33个理事国组成，由每届大会选举产生，每年举行三次例会。理事会下设航空技术、民航运输、法律、联营导航设备、财务和制止非法干扰国际民航六个委员会。

理事会的主要职责是向大会提交年度报告、按照大会决定的方向工作，以及履行《芝加哥公约》授予的职责和义务等。

（3）秘书处

秘书处负责处理日常工作，包括空中航行局、航空运输局、技术合作局、法律事务和对外关系局及行政服务局。

二、国际航空运输协会

1. 国际航空运输协会的概况

国际航空运输协会（IATA）是一个国际性的民航组织，前身是国际航空业务协会（International Air Traffic Association），其成立目的在于促进安全、正常和经济的民航运输。

知识窗

国际航空运输协会将全球划分为三个区域：一区，包括所有北美和南美大陆及与之毗连的岛屿，还包括格陵兰群岛、百慕大群岛、西印度群岛、加勒比群岛及夏威夷群岛（包括中途岛）；二区，包括欧洲全部（包括俄罗斯联邦在欧洲的部分）和与之毗连的岛屿、非洲全部和与之毗连的岛屿，还包括亚速尔群岛、阿森松群岛和地处伊朗西部并包括其在内的亚洲部分；三区，包括除二区已包括部分的亚洲全部和与之毗邻的岛屿，东印度群岛的全部，澳大利亚、新西兰和与之毗连的岛屿，以及除一区已包括部分之外的所有太平洋岛屿。

国际航空运输协会的活动包括行业协会活动、运价协调活动及行业服务。国际航空运输协会制定了完整的标准和措施，在客票、货运单和其他有关凭证，以及对旅客、行李和货物的管理等方面建立统一的程序，即“运输服务程序”，主要包括旅客运输、货

物运输、机场服务三个方面，也包括多边联运协议。

1993 年 8 月，中国国际航空公司、中国东方航空公司和中国南方航空公司正式加入国际航空运输协会。

2. 国际航空运输协会的机构

（1）全体会议

全体会议是国际航空运输协会的最高权力机构，每年举行一次会议，所有正式会员在决议中都拥有平等的一票表决权，全体会议的决定以多数票通过为生效标准。

（2）执行委员会

执行委员会是全体会议的代表机构，对外全权代表国际航空运输协会。执行委员会的职责主要包括管理协会财产、设置分支机构、制定协会政策等。

（3）专门委员会

国际航空运输协会设有运输、财务、法律和技术等专门委员会。

（4）分支机构

国际航空运输协会总部设在加拿大蒙特利尔，在日内瓦、伦敦和新加坡等地设立主要分支机构。

三、国际航空电信协会

国际航空电信协会（SITA）是一个专门承担国际航空公司通信和信息服务的合资性组织，由 11 家欧洲航空公司于 1949 年在比利时布鲁塞尔创立。SITA 经营着世界上最大的专用电信网络，由 400 多条中高速网络相互连接 210 个通信中心。各航空公司用户终端系统通过各种不同形式的集中器连接至 SITA 的网状干线网络。SITA 的网络由四个主要系统构成，即数据交换和接口系统、用户接口系统、网络控制系统和存储转发报系统。

中国于 1980 年 5 月加入 SITA，中国国际航空公司、中国东方航空公司、中国南方航空公司都是 SITA 的会员。

知识窗

SITA 建立并运行着两个数据处理中心：一个是位于美国亚特兰大的旅客信息处理中心，主要处理自动订座、离港控制、行李查询、航空运价和旅游信息等；另一个是设在伦敦的数据处理中心，主要负责货运计划处理、客运计划处理和行政事务处理等业务。

四、中国民用航空局

中国民用航空局在《中华人民共和国民用航空法》(以下简称《民用航空法》)的指导下，制定中国民航管理条例和民航运输行业标准，依法管理中国民航行业和通用航空事业。

1. 中国民用航空局的主要职责

（1）进行中国民航行业发展战略规划，做好与综合运输体系相关的专项规划建议，按规定拟订民航年度计划并组织实施和监督检查。

（2）承担民航飞行安全和地面安全监管责任，负责民航空中交通管理工作，拟订民用航空器事故及事故征候标准，按规定调查处理民用航空器事故。

（3）负责民航国际合作与外事工作，维护国家航空权益，开展与中国香港、澳门、台湾地区的交流与合作等。

（4）起草相关法律法规草案、规章草案、政策和标准，管理民航地区行政机构、直属公安机构和空中警察队伍，推进民航行业体制改革工作。

（5）负责民用机场的场址、总体规划、工程设计审批和使用许可管理工作；承担民航运输和通用航空市场监管责任；制定民航行业价格、收费政策并监督实施，提出民航行业财税等政策建议；组织民航重大科技项目开发与应用，推进信息化建设。

2. 中国民用航空局的机构

中国民用航空局下设综合司、发展计划司、国际司、航空器适航审定司、公安局、全国民航工会、航空安全办公室、运输司、飞行标准司、机场司、空管行业管理办公室、财务司、人事科教司、政策法规司、直属机关党委及离退休干部局。

中国民用航空局直属机构主要有中国民用航空华北地区管理局、东北地区管理局、中南地区管理局、华东地区管理局、西南地区管理局、西北地区管理局、新疆管理局，以及空中交通管理局、机关服务局、中国民航科学技术研究院、中国民航大学等。

知识窗

《民用航空法》是为了维护国家的领空主权和民用航空权利，保障民用航空活动安全和有秩序地进行，保护民用航空活动当事人各方的合法权益，促进民用航空事业的发展而制定的法律。《民用航空法》由第八届全国人民代表大会常务委员会第十六次会议在 1995 年 10 月 30 日经审议通过，自 1996 年 3 月 1 日实施。当前版本于 2018 年 12 月 29 日第十三届全国人民代表大会常务委员会第七次会议修正。

单元五　民航运输的基本概念

一、航线

航线是指经过批准开通的连接两个或两个以上民航机场的空中交通线。航线确定了飞机飞行的具体方向、起讫点与经停点，并根据空中交通管制的需要，规定了航线的宽度与飞行的高度。

新航线开通是指在原来没有航线的情况下，建立各种基础设施和服务系统，满足民航飞机安全运行要求和保障能力后，建立的新航线。航空公司在决定开通新航线时，应当向民航主管部门申请，经审查批准后，才可以开航。

开通新航线需要航空公司和机场、交通管制部门通力合作，确保飞机、航路设施、机场保障能够满足安全生产的基本要求。如果和国外通航，还要和外国政府协商并签订相应的通航协议。因此，开通新航线必须由民航主管部门审核并统一协调安排。

1. 航段

在一条航线中，起点和终点之间可能有多个经停点，任意两个经停点之间的航线，称为航段。一条航线可以包括多个航段。

航段通常分为旅客航段（Segment，通常称为航段）和飞行航段（Leg，通常称为航节）。旅客航段是指能够构成旅客航程的航段，如太原—北京—纽约航线，旅客的航段有三种可能：太原—北京航段，北京—纽约航段，太原—纽约航段。飞行航段是指飞机实际飞经的航段，如太原—北京—纽约航线的飞行航段为太原—北京航段和北京—纽约航段。

2. 航线分类

民航运输的航线按飞行区域国籍可以划分为国际航线、国内航线和地区航线三大类。

（1）国际航线

国际航线是指飞机飞行的路线连接两个或两个以上国家的航线，其起讫点、经停点必有一站在本国以外。

（2）国内航线

国内航线是指飞机飞行的路线起讫点、经停点均在同一国境内的航线。国内航线又可以分为国内干线和国内支线。国内干线与国内支线的比较见表 1—1。

表 1—1　　　　国内干线与国内支线的比较

国内航线	含义	特点
国内干线	连接国内民航枢纽机场的航线	航班数量大、密度高、客流量大，使用的机型运载能力强
国内支线	各中小城市和干线上的交通中心（各省会城市或大城市）联系起来的航线	航班的客流密度小，起讫点中有一方是较小的机场，使用的大都是中小型飞机

(3) 地区航线

地区航线特指连接中国大陆各城市与中国香港、澳门、台湾等地区的航线。

知识窗

地区航线是一个历史范畴，中国香港、澳门和台湾地区连接中国大陆各城市的航线目前都被纳入中国的国内航线。然而，航空公司在实际进行旅客运输中，对应的航班运输流程属于国际航班运输流程。

3. 航线设立模式

航线设立的模式可分为城市对式、城市串式、中枢辐射式三种类型。航线模式的确立是航空公司制定产品组合策略的重要前提。合理的航线模式不仅符合政治和社会的需求，而且可以减少行业恶性竞争，方便旅客乘机，增加航空公司利润。三种航线模式的比较见表 1—2。

表 1—2　　　　三种航线模式的比较

航线模式	含义	优点	缺点
城市对式	两个城市间开通往返航班	两地间为直飞航线，旅客不必中转，适用于客货流量较大的机场之间	需要对航线资源和旅客资源进行有效组织和利用
城市串式	在城市对基础上，加上经停点，构成一个城市串航线	可以提高飞机的利用率、载运率和客座率，节省运力	容易造成航班延误，影响正常的运力调配，甚至影响整个航程或整个网络中的运力调配
中枢辐射式	中心城市作为枢纽机场，以枢纽航站为中转点与相距最近的中、小城市开通支线，这些支线航班与干线航班在时间上紧密相连，构成航线网络	能更好地适应市场需求，合理安排运力，充分利用航线和旅客资源，增大航线网的覆盖面，提高载运率，为航空公司经营带来规模经济	会加重枢纽机场高峰时期的负荷，增加旅客的转机次数，使得小航空公司在干线上的竞争力减弱，政府的调控变得困难

知识窗

中枢辐射式航线首先出现在美国政府放松航线准入以后。后来，欧洲和亚洲的一些航空公司纷纷效仿。目前，世界上大多数航空发达国家都进行了中枢辐射式航线结构的建设，逐步实现从以城市对为主的航线网布局向中枢辐射式航线网布局的转化。目前旅客运输量排名前20位的大型航空公司基本都实行了中枢航线网络的运营，旅客吞吐量排名前20位的机场无一例外都是中枢航空港。我国各大航空公司也在中枢辐射式航线布局上获得了长足发展。

4. 我国航线网络现状

（1）国内航线网络现状

根据中国民用航空局《2017年民航行业发展统计公报》显示，截至2017年年底，我国共有国内航线3 615条，其中港澳台航线96条，航线里程为706.6万千米，定期航班国内通航城市224个（不含中国香港、澳门、台湾地区）。国内主要航线多呈南北走向分布。

（2）国际航线网络现状

根据中国民用航空局《2017年民航行业发展统计公报》显示，截至2017年年底，我国共有国际航线803条，定期航班通航60个国家的158个城市。我国国际航线是亚太地区民航运输网的重要组成部分，与南亚、东南亚、澳大利亚等地区和国家有密切联系。

二、航路

航路是由民航主管部门批准建立的一条由导航系统划定的空域构成的空中通道。交通管理部门为航路提供必要的空中交通管制和航行情报服务。

《中华人民共和国飞行基本规则》第十五条规定：航路分为国际航路和国内航路。航路的宽度为20千米，其中心线两侧各10千米；航路的某一段受到条件限制的，可以减少宽度，但不得小于8千米。航路还应当确定高度上限和下限。

知识窗

在生活中，人们很容易混淆航线和航路的概念。航路和航线最简单的区别在于：航路是有宽度和高度的空域，而航线是连接飞机起讫点和经停点的一条线。

三、航班

按照中国民用航空局批准的民航运输飞机班期时刻表，使用指定的航空器，沿规定的航线在指定的起讫和经停机场停靠的客货邮运输飞行服务，称为航班。

1. 航班的分类

航班按不同的标准有多种分类方法，具体见表 1—3。

表 1—3　　航班的分类

分类标准	分类	说明
飞行区域国籍	国际航班	始发站、经停站或终点站中有一站以上在本国国境以外的航班
	国内航班	始发站、经停站或终点站全部在一国境内的航班
	地区航班	始发站、经停站或终点站有连接中国香港、澳门、台湾等地区的航班
飞行时间规律	定期航班	航空公司在一段时间安排的运输飞行，具有规则性的飞行周期或者飞行时刻，定期航班包括班期飞行和加班飞行
	不定期航班	航空公司根据运输需要提供的非规律性飞行航班，包括包机飞行和专机飞行等。这类航班没有固定的航班飞行时刻表，也没有固定的飞行航线，通常是根据运输需要和合同需要安排机型、飞行时刻、飞行航线和运价
飞行去向	去程航班	从航空公司机队所在基地出发的飞行航班
	回程航班	返回航空公司机队所在基地的飞行航班
旅客目的机场	直飞航班	从登机机场到目的机场，中间无起降的航班
	经停航班	从登机机场到目的机场，中间有起降的航班
	中转航班	从登机机场到目的机场，中间有起降且更换其他航班的航班

2. 航班号

为了便于组织运输生产，每个航班都按一定规律编以不同的号码，以便区别，这组号码称为航班号。根据航班号可以很方便地确认航班的执行公司、飞往地点及方向，便于航空管理和旅客查询。

（1）国内航班号的编排

我国国内航班号由执行航班任务的航空公司的两字代码加四位数字组成。航空公司成立时，其两位代码由中国民用航空局审核颁布，不得改变。后面的四位数字中，第一位代表执行该任务的航空公司主基地所在地区数字代码，第二位表示航班终点机场所在地区数字代码，第三位表示这次航班的序号，第四位单数表示由主基地出发的去程航

班，双数表示飞回基地的回程航班。例如，CA1387 表示国航（CA）执行的由天津（1）飞往广州（3）的去程（7）航班。

如果航班因为天气、机械故障等原因延误、备降、取消后，需要补班飞行，为区分原航班和补班航班，航空公司应当把原航班号最后一位数字用字母表示。具体规定为：0-Z，1-Y，2-X，3-W，4-V，5-U，6-T，7-S，8-R，9-Q。例如，CZ3108 航班的补班航班，航班号应改为 CZ310R。

国内部分航空公司的两字代码见表 1—4。

表 1—4　　国内部分航空公司的两字代码

航空公司名称	两字代码
中国国际航空公司	CA
中国南方航空公司	CZ
中国东方航空公司	MU
厦门航空公司	MF
山东航空公司	SC
中国联合航空公司	KN
四川航空公司	3U
海南航空公司	HU

（2）国际航班号的编排

我国航空公司的国际航班号一般由航空公司两字代码加三位数字组成，第一位数字表示航空公司，后两位数字是航班序号，单数为去程，双数为回程。例如，CA933 表示国航（CA9）执行的由北京飞往巴黎的去程（33）航班。

四、民航公共运输企业

民航运输是航空承运人与旅客之间进行的一种服务交换活动，产品形态是运输对象在空间上的位移，通过旅客的购买完成其商品属性。

1. 航空承运人

航空承运人就是通过使用或出租飞机提供航空运输服务、获取利润的公共运输企业法人。

随着包机运输的出现，非民航运输合同当事人也有时履行航空合同，为此，《民用航空法》对缔约承运人与实际承运人分别做出定义，对承运人的责任和义务做出了规定。

（1）缔约承运人

缔约承运人是指以本人名义与旅客、托运人或者与旅客、托运人的代理人订立民航运输合同的人。

（2）实际承运人

实际承运人是指根据缔约承运人的授权，履行民航运输合同所规定的全部或者部分运输服务的人。

2. 运力

民航运输的运力是指提供运输服务的能力，通常用数量指标和质量指标来衡量。下面主要介绍航空公司运力、机场运力和民航运输业运力。

（1）航空公司运力

航空公司运力在一个规定的时间期限内，由航空公司拥有的飞机数量、航班班次、旅客座位数、航线里程数等指标来衡量。

（2）机场运力

机场运力即机场的运输服务能力。在一个规定的时间期限内，机场运力由可以容纳的驻地飞机数量、飞机起降架次、旅客及货邮吞吐量、航线数量等来衡量。

知识窗

国际机场理事会 2017 年公布的数据显示：北京首都国际机场成为全球旅客吞吐量第二大机场，为 9 600 万人次。2017 年世界旅客吞吐量排名前五的机场及其旅客吞吐量情况如下：

1. 亚特兰大哈茨菲尔德·杰克逊国际机场（美国）——1.04 亿人次
2. 北京首都国际机场（中国）——9 600 万人次
3. 迪拜国际机场（阿联酋）——8 800 万人次
4. 东京羽田国际机场（日本）——8 500 万人次
5. 洛杉矶国际机场（美国）——8 460 万人次

（3）民航运输业运力

民航运输业运力即某一国或区域的民航运输服务能力。在一个规定的时间期限内，民航运输业运力以行业完成运输的总周转量、客货周转量、机场和航空公司规模、航线

数量等指标来衡量。

通过运力管理，可以了解国家航空业的运输实力和薄弱环节，并以此进行合理规划，为国家民航运输业的持续发展提供重要的依据。

知识窗

中国民用航空局《2017 年民航行业发展统计公报》显示：

2017 年，全行业完成运输总周转量 1 083.1 亿吨公里，比上年增长 12.6%；过去五年，全行业运输总周转量年均增长 12.6%，如图 1—7 所示。

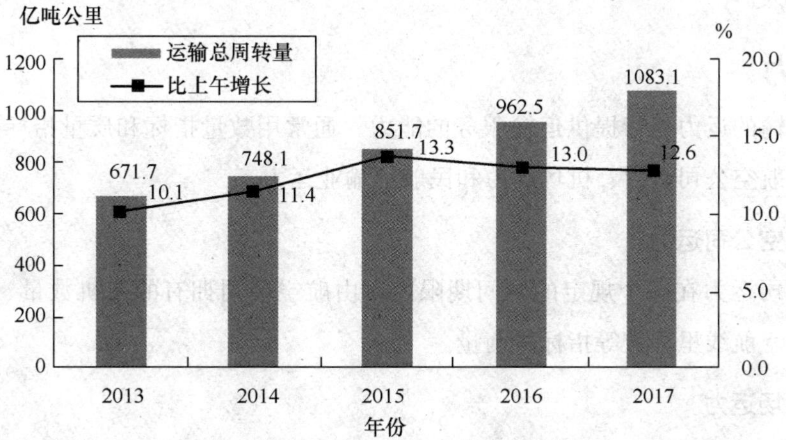

图 1—7　2013—2017 年民航运输总周转量

全行业完成旅客周转量 9 513.04 亿人公里，比上年增长 13.5%。过去五年，全行业旅客周转量年均增长 13.6%，如图 1—8 所示。

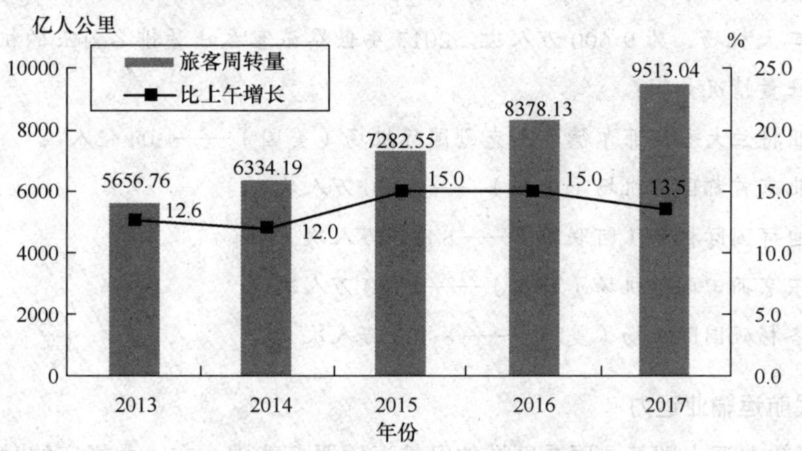

图 1—8　2013—2017 年民航旅客周转量

全行业完成货邮周转量243.55亿吨公里，比上年增长9.8%。过去五年，全行业货邮周转量年均增长8.2%。

截至2017年年底，民航业运输飞机在册架数3 296架，比上年增加346架。

截至2017年年底，我国共有颁证运输机场229个，比上年增加11个。

五、经停点和转机点

1. 经停点

旅客在航程中某一地点停留一段时间后，继续搭乘同一航班离开前往下一地点，这个暂停地点就是经停点。经停点不会在客票上表现出来。

例如，某旅客乘坐从北京到伦敦的飞机，中途经停阿姆斯特丹2个小时，短暂停留后，继续乘坐该航班前往目的地伦敦，阿姆斯特丹则被视为经停点。

2. 转机点

旅客在航程中某一地点停留一段时间后，然后搭乘另一航班离开，这个暂停地点就是转机点。根据停留时间的长短，转机点分为中途分程点和非中途分程点。

（1）中途分程点

旅客在航程中某一地点暂时停留24小时以上，然后搭乘另一航班离开，这个暂停地点就是中途分程点。

（2）非中途分程点

旅客在航程中某一地点暂时停留24小时以内，然后搭乘另一航班离开，这个暂停地点就是非中途分程点。

小测试

旅客的航程为XMN—SHA—YVR，到达SHA的时间为2018年9月22日11点，当天19点30分搭乘另一航班离开，则SHA为（　　）；如果旅客于9月25日9点10分搭乘另一航班离开，则SHA为（　　）。

答案：非中途分程点、中途分程点。

思考与练习

1. 简述民航运输的特点。
2. 国际民航运输组织机构有哪些？
3. 简述航线的概念和模式。
4. 简述航班的概念和分类。
5. 简述经停点和转机点的概念。

模块二
民航旅客运输票务

学习目标

- ☞ 了解民航旅客运价的概念与管理形式
- ☞ 掌握客票的概念、种类、有效期和填开
- ☞ 掌握客票变更的处理流程
- ☞ 了解座位再证实流程和退票流程

案例导入

2019年暑假，山东省威海市的小学生小明和爸爸妈妈一起从威海坐飞机到北京，再转机到迪拜旅游。从威海到北京，公路距离802千米，行车时间10.5小时，空中距离560千米，飞行时间1.5小时。从北京到迪拜，空中距离5 800多千米，飞行时间9.5小时。小明一家人坐飞机，只用了11个小时就从家乡来到了万里之遥的异国他乡。

小明爸爸在订机票前浏览了各航空公司网站和旅游网站，进行了综合比较，最后选择了某旅游网站的联程机票。在该旅游网站订票不仅价格优惠，而且网站还提供各种出行须知和业务代办服务，省去了很多麻烦。

点评：

在中远程旅客运输市场，民航以其快捷、舒适的优势在众多运输模式中脱颖而出，成为众多旅客的首选。但民航旅客运价在所有运输模式中是最昂贵的。如何根据市场需求和竞争条件制定更加灵活的价格政策，提供更吸引人的服务，是航空公司和政府主管部门重点研究的课题。目前，与旅游企业合作，分担成本、利益共享，是航空公司普遍使用的一种模式。

单元一　民航旅客运价

一、民航旅客运价的管理方式

民航旅客运价就是单位旅客由始发地机场运至目的地机场的航空运输价格，不包括机场与市区之间的地面运输费用。

按照价格形成主体，民航旅客运价管理方式主要分为市场调节价、政府定价和政府指导价三种。

1. 市场调节价

市场调节价是指经营者自主制定，通过市场竞争形成的价格。在市场完全竞争时应采用市场调节价，由市场自主形成价格。

2. 政府定价

政府定价是指政府直接制定的价格。在市场经济体制下，在制定资源稀缺、自然垄断和公用性、公益性等关系国计民生的重要生产资料价格和居民生活消费价格时，应采用政府定价的形式，以保护国家和社会的基本利益。

3. 政府指导价

政府指导价是指政府规定基准价及浮动幅度，引导经营者合理制定的具体价格，它具有双重定价主体的特点。

知识窗

《民用航空法》第九十七条规定：公共航空运输企业的营业收费项目，由国务院民用航空主管部门确定。国内航空运输的运价管理办法，由国务院民用航空主管部门会同国务院物价主管部门制定，报国务院批准后执行。

二、民航旅客运价的制定方式

民航旅客运价的制定方式主要包括成本定价、需求定价和混合定价三种。

1. 成本定价

成本定价就是以运输成本、利润和税金等要素构成的定价方式。其中，利润是扩大再生产的资金来源，是企业的生命线。制定旅客运价时，应保证运输企业获得一定的利润，以维持简单再生产和扩大再生产。

运输成本是在运输生产中消耗的物化劳动和人工劳动的货币表现，它是制定旅客运价的最低界限。

运输成本可以称为总使用成本，用TOC表示。TOC包括与飞机营运直接相关的直接使用成本（DOC）和与飞机营运无直接关系的间接使用成本（IOC）。用公式表示为：

$$TOC=DOC+IOC$$

（1）直接使用成本

直接使用成本（DOC）是衡量飞机使用经济性的依据，由现金成本和所有权成本构成。

现金成本包括员工费用、维修成本、飞机起降费、航路费、机场进近指挥费、旅客过港服务费、运输服务费、机上餐食费、飞机清洁费和商务特种车辆使用费、航油费用等。其中，员工费用由工资、福利和津贴组成；维修成本由直接维修费和间接维修费组成；飞机起降费每班次收费一次，根据飞机最大起飞全重收费；航路费和机场进近指挥费根据飞机在航路上飞行的里程数及飞机的总分档收费。

所有权成本包括保险费和折旧费。其中，保险费包括基本费、战争险费和旅客保险费等，折旧费包括飞机折旧费、航材备件折旧费等。

（2）间接使用成本

间接使用成本（IOC）是指与飞机营运无直接关系的费用，如航空公司的管理费、财务费、销售费、广告宣传费、地面交通费、办公室租赁费、通信费、员工培训费等。为了便于分析，航空公司将IOC费用折合成DOC费用的百分数，大多数国内航空公司的折合率为25%～50%。

2. 需求定价

根据需求的不同，旅客可以支付不同的价格，获取对应的服务。根据经济学原理，价格与需求的关系曲线如图2—1所示。

从图2—1可以看出，如果采用单一低价，会使一部分能负担高价的旅客也购买低价票，虽需求量较大，但航空公司收入较低，旅客还会对服务有抱怨；如果采用单一高价，则使一部分负担能力较差的旅客买不起机票，需求量下降，虽价格增加，但航空公司收入仍较低。如果采用多级票价，依据需求定价，则能使不同旅行目的、不同收入、不同支付能力的旅客选择适合自己的机票价格，从而实现收入和效益的最大化。

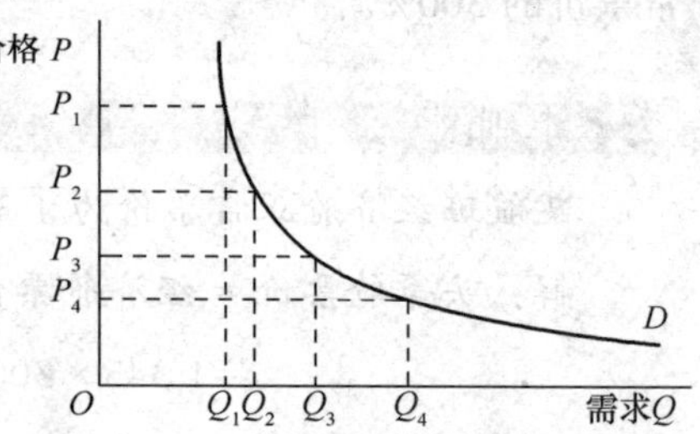

图2—1　价格与需求的关系曲线

3. 混合定价

民航旅客运价还可以通过政府指导价的形式，由政府制定基准价和浮动幅度，企业在此幅度内综合考虑成本或需求，最终实现公众利益和航空运输企业利益的“双赢”。

☆ 小案例

2018年2月18日，由于持续大雾天气，众多旅客滞留海口美兰国际机场，从海口飞往各地的客票价格一再上涨，最高价达到2万元/张。各大媒体纷纷报

道，指责航空公司借机抬高旅客票价。事实上，航空公司之所以提高客票价格，是因为航空公司增派了大型客机以增大调配运力，这样增加了成本，所以相应提高了价格。而2万元/张的机票是头等舱客票价，并没有超过政府定价的上限。所以，航空公司此次客票价格的调整是合理的。

三、民航旅客票价的分类

民航旅客票价根据服务等级、旅程方式、旅客年龄、旅客类型等具体情况，有不同的票价种类。

1. 按服务等级分类

按照为旅客提供服务的等级不同，旅客票价可以分为三个等级：头等舱票价（F）、公务舱票价（C）和经济舱票价（Y）。

(1) 头等舱票价

头等舱的座位较公务舱座位更宽敞舒适，向旅客免费提供的餐食及地面膳宿标准高于公务舱，每人免费行李限额为40千克。一般来说，国内航线头等舱的票价是经济舱正常票价的300%。

小测试

某航班经济舱正常票价为1 345元，求头等舱的票价。

解：头等舱票价 = 经济舱票价 ×300%

=1 345×300%

=4 035（元）

(2) 公务舱票价

公务舱座位较头等舱窄，但比经济舱宽，餐食及地面膳宿标准低于头等舱、高于经济舱，每人免费行李限额为30千克。一般来说，国内航线公务舱的票价为经济舱正常票价的200%。

小测试

某航班经济舱正常票价为1 345元，求公务舱的票价。

解：公务舱票价 = 经济舱票价 ×200%

=1 345×200%

=3 496（元）

（3）经济舱票价

经济舱每人免费行李限额一般为 20 千克，其正常票价以国家对外公布的直达票价为基础。

需注意的是，基于国内民航市场发展的复杂性，目前国内民航对头等舱、公务舱的价格实行市场调节价格，不再严格要求按固定的比例执行票价。

知识窗

中国国际航空公司的客机舱位设置如下：

F 舱——头等舱公布价

A 舱——头等舱免折、常旅客免票

C 舱——公务舱公布价

D 舱——公务舱免折、常旅客免票

Y 舱——普通舱公布价

S 舱——联程、缺口程等特殊舱位

B 舱——普通舱 90 折

H 舱——普通舱 85 折

K 舱——普通舱 80 折

L 舱——普通舱 75 折

M 舱——普通舱 70 折

N 舱——普通舱 65 折

Q 舱——普通舱 60 折（含教师、医护人员、县级及以上劳模）

T 舱——普通舱 55 折

X 舱——普通舱 50 折（含学生、年满 55 周岁的中国大陆公民）

U 舱——普通舱 45 折

E 舱——普通舱 40 折

W 舱——普通舱 35 折

R 舱——普通舱 30 折

O 舱——普通舱 25 折

Z 舱——代码共享留座专用舱

V 舱——常旅客专用舱（国航知音卡旅客订座）

G 舱——普通舱免折、常旅客免票

2. 按旅程方式分类

按照旅客旅程方式的不同，旅客票价可以分为单程票价和往返程票价。

（1）单程票价

单程票价也称直达票价，适用于规定航线上由甲地到乙地的航班运输。现行对外公布的国内航线客票价格均为航空运输的直达票价。例如，上海—北京的经济舱单程票价为 1 345 元。

（2）往返程票价

往返程票价由两个单程票价组成，一个是使用直达票价的去程运输，另一个是使用直达票价的回程运输。航空公司往返程票价在两个单程票价的基础上一般可享受一定的折扣。例如，上海—北京的经济舱往返程票价原价是 2 690（1 345 × 2）元，但航空公司规定如一次性购买往返程机票可给予 5% 的优惠，即旅客只需要支付 2 555（2 690 × 95%）元。

3. 按旅客年龄分类

按照旅客年龄的不同，旅客票价可以分为成人票价、儿童票价和婴儿票价。

（1）成人票价

成人票价是指经济舱的正常票价，年满 12 周岁的儿童应按成人票价购票。

（2）儿童票价

年满 2 周岁但未满 12 周岁的儿童按照同一航班经济舱正常票价的 50% 购买儿童票。儿童票提供座位，有免费行李额。例如，上海—北京的经济舱正常票价为 1 345 元，则该航班经济舱儿童票价为 1 345 × 50%=673（元）。

（3）婴儿票价

未满 2 周岁的婴儿按照同一航班经济舱正常票价的 10% 购买婴儿票。婴儿票不提供座位，无免费行李额，可免费携带一个摇篮或可折叠式婴儿车。婴儿如需单独占座，应购买儿童票。

每位成人旅客携带婴儿人数超过 2 名时，其中一名婴儿可按经济舱正常票价的 10% 购买婴儿票，其余婴儿需按经济舱正常票价的 50% 购买儿童票。

儿童和婴儿在开始旅行时未满规定的年龄上限，而在旅行途中超过规定的年龄上限，不另补收票价。航空公司销售以上优惠客票，不得附加购票时限等限制性条件。

小测试

上海—三亚的经济舱正常票价为 1 480 元，若一位旅客携带一名婴儿和一名儿童乘机，请计算该旅客需要支付的票价金额。

解：经济舱婴儿票价为 1 480 × 10%=148（元）

经济舱儿童票价为 1 480 × 50%=740（元）

该旅客需要支付的总票价为 1 480 +148+740=2 368（元）

4. 按旅客类型分类

按照旅客类型不同，旅客票价可以分为团体旅客票价、军残旅客票价、教师及学生旅客票价、特殊旅客票价等。

（1）团体旅客票价

旅客人数在 10 人（含）以上，航程、乘机日期、航班相同并按同一类团体票价支付票款的旅客称为团体旅客。购买儿童、婴儿客票的旅客不计入团体人数内。航空公司可以按有关规定向团体旅客提供优惠的特种票价。该特种票价一般附有同去同回、不得更改、不得签转、有出票时限等限制条件。

（2）军残旅客票价

凡因公致残的现役军人和警察在乘坐国内航班时，凭中华人民共和国残疾军人证或中华人民共和国伤残人民警察证，在规定的购票时限内，可按适用正常票价的 50% 计收票款。

（3）教师及学生旅客票价

教师和学生在寒暑假期间乘坐国内航班时，凭教师资格证、学生证和有效身份证明，可按适用正常票价的 60% 和 50% 计收票款（具体标准参见各航空公司相关业务规定）。

（4）特殊旅客票价

由承运人（航空公司）特殊批准的旅客，凭乘机优待证可以填开由该承运人（航空公司）承运的免费客票、优惠客票。货运包机押运人员凭包机货运单和包机单位介绍信可填开免费客票。免费客票和优惠客票只是对客票价格的免收或优惠，不涉及相应税费。

单元二　客票基础知识

一、客票的概念

客票也称机票（Flight Ticket），是指旅客与民航承运人（航空公司）之间为乘坐飞机所订合同的凭证。客票实行实名制，即订购客票的旅客需要向航空公司或代理售票点提供真实姓名和身份证、护照或港澳台通行证等证件号码，经核验后方可购票。

客票的主要内容包括旅客姓名、全航程（包括出发地、经停地、目的地）、航班号、客票等级、乘机日期、起飞时间、票价金额、承运人（航空公司）名称和客票号码等。

客票通常附有简要的旅客须知，说明客票有效期和运输条件，国际客票还应列明适用的国际公约规定和条件等。客票只限客票上所列姓名的旅客本人使用，不能转让或涂改。经转让或涂改的客票无效。

二、客票的种类和有效期

1. 客票的种类

按旅客购买客票的价格不同，客票大体可以分为以下两类。

(1) 普通客票

普通客票（Normal Fare）也称正价票，是指旅客购买的航空公司正常票价的客票，允许签转和更改。此类客票价格通常为全价，可换乘其他航空公司的航班，没有太多时间上的限制，适合途中可能改变旅程、时间的旅客。

(2) 优惠客票

优惠客票是指旅客购买的航空公司优惠价格的客票，一般不允许签转，有较多限制条件。优惠客票具体又可以分为以下五种：

1）旅游客票。其票价一般比普通客票低廉，但限制条件相对要多。例如，只能购买往返程客票，不能购买单程客票；在客票规定的有效期内必须返回，否则客票就会失效。

2）团体客票。由航空公司委托的代理商事先向航空公司预订若干数目的座位，作为团体旅行之用的客票称为团体客票。按规定，团体客票不能出售给单个旅客，有些团体客票不能退款。

3）包机客票。包机企业或旅行社向航空公司包下整架飞机的全部或部分座位，以供旅客搭乘，这类客票称为包机客票，其票价及营运限制均由包机企业或旅行社根据具体情况进行确定。

4）学生客票。持有国际学生证或国际青年证的人员才可购买学生客票。学生客票票价较为低廉，限制相对较少，可以享有较高的免费行李限额。

5）特价客票。特价客票是指航空公司在旅行淡季不定期推出的促销客票，具体限制条件由航空公司确定，限制条件差别较大。

2. 客票的有效期

（1）客票有效期的相关规定

客票有效期可分为 1 年、半年、3 个月、1 个月、14 天、当次航班有效等不同种类。

普通票价客票有效期为 1 年，从航班始发日期或出票日期的当地时间 24 时开始计算。

优惠客票有效期按该票价的具体规定计算，有效期较短，最短有效期为当次航班有效。

（2）客票有效期的计算

当客票有效期以日期计算时，有效期为日历日，包括周末和法定假日，并且出票日或出发日不计算在内。

当客票有效期以月份计算时，有效期为从某月某日至另一月的该日。例如，

有效期为 1 个月：1 月 1 日—2 月 1 日。

有效期为 2 个月：1 月 15 日—3 月 15 日。

当下个月较短而无该日期时，有效期至该月的最后一天。例如，

有效期为 1 个月：1 月 30 日—2 月 28 或 29 日。

当起始日期为某月的最后一天时，则有效期至下月的最后一天。例如，

有效期为 1 个月：1 月 31 日—2 月 28/29 日。

有效期为 2 个月：2 月 28/29 日—4 月 30 日。

当客票有效期以年计算时，有效期为从出票日或出发日至下一年的该日。例如，

有效期为 1 年：2017 年 1 月 1 日—2018 年 1 月 1 日。

（3）客票有效期的延长

1）由于承运人（航空公司）的原因造成旅客未能在客票有效期内完成旅行时，可

免费延长客票的有效期。承运人（航空公司）的原因主要包括：取消航班，未按既定日期合理地运营航班，承运人造成旅客未能乘上已订妥座位的续程航班，承运人改变了旅客的服务等级或不能提供已订妥的座位。

2）由于旅客生病而不能在客票有效期内继续旅行，应按以下规定处理：

①普通客票及具有相同有效期的优惠客票，有效期可延长至由医疗单位出具的医疗证明上注明的适于乘机的日期，或者延长至可提供同样等级座位的航班日期，而不计该票价的限制规定。

②当客票上剩余乘机地点还包括 1 个或更多个中途分程点时，最长可延长 3 个月，搭乘同一航班的直系亲属或旁系血亲按同样方式处理。

知识窗

直系亲属或旁系血亲包括配偶、子女(包括收养的子女)、父母、兄弟、姐妹、祖父母、孙子女、岳父母、养父母、公婆、继父母、夫或妻的兄弟姐妹、兄弟姐妹的夫或妻、女婿、媳妇、继子女。

③较短有效期的优惠客票，有效期可延长至从医疗证明上注明适于乘机日期起第一个可乘航班日期的 7 天内，不计该票价的任何限制条件，搭乘同一航班的直系亲属或旁系血亲按同样方式处理。

④有最少停留天数限制的客票，不因旅客生病而减少停留天数限制。

3）由于旅客死亡或旅客直系亲属死亡而不能在客票有效期内继续旅行时，应按以下规定处理：

旅客在旅行中死亡，其同行人员的客票有效期最长可延长 45 天；旅客直系亲属死亡，旅客的客票有效期最长可延长 45 天。

三、客票及行李票的填开

1. 国内客票及行李票的填开

国内客票及行李票的填开有手工填写与机器打印两种方式，目前绝大多数客票为机器打印方式填开，手工填写方式一般仅在包机运输的航班上偶尔使用。如采用手工填写方式，在客票上必须盖业务章，机器打印客票则不需要。

国内客票及行李票上需要填写的内容主要有乘机旅客信息、旅程信息、行李运输信息、票价信息、出票信息、签注信息、客票有效期等，如图 2—2 所示。

<table>
<tr><td>填开单位
ISSUED BY</td><td colspan="2" rowspan="2">客票及行李票
PASSENGER
TICKET
AND BAGGAG
CHECK
出票人联
AGENT COUPON</td><td colspan="4">始发地 / 目的地
ORIGIN/DESTINATION</td><td colspan="4" rowspan="4">出票日期和地点
DATE AND PLACE
OF ISSUE
营业员
AGENT</td></tr>
<tr><td>签注
RESTRICTION/
ENDORSEMENTS
（CARBON）不得签转</td><td colspan="4">订票记录编号
BOOKING REFERENCE</td></tr>
<tr><td>旅客姓名
NAME OF PASSENGER</td><td colspan="2">旅游编号
TOUR CODE</td><td colspan="4">换开凭证
ISSUED IN EXCHANGE FOR</td></tr>
<tr><td>不得转让
NOT TRANSFERABLE</td><td colspan="6">连续客票
CONJUNCTION TICKET（S）　FUC</td></tr>
<tr><td>不作为运输使用凭证
NOT GOOD FOR
PASSENGER</td><td>承运人
CARR-
IER</td><td>航班号
FLIGHT</td><td>座位
等级
CLA-
SS</td><td>日期
DATE</td><td>时间
TIME</td><td>订座
情况
STATUS</td><td>票价级别
客票类别
FAREBASIS/
TKTDESI-
GNATOR</td><td>客票生
效日期
NOT
VALID
BEFORE</td><td>有效截
止日期
NOT
VALID
AFTER</td><td>免费
行李额
ALLOW</td></tr>
<tr><td>自 FROM</td><td></td><td></td><td></td><td></td><td></td><td></td><td></td><td></td><td></td><td></td></tr>
<tr><td>至 TO</td><td></td><td></td><td></td><td></td><td></td><td></td><td></td><td></td><td></td><td></td></tr>
<tr><td>至 TO</td><td></td><td></td><td></td><td></td><td></td><td></td><td></td><td></td><td></td><td></td></tr>
<tr><td>至 TO　　VOID</td><td colspan="4">交付行李 BAGGAG CHECKED</td><td colspan="2">件数 PCS</td><td>重量 WT</td><td colspan="2">件数 PCS</td><td>重量 WT</td></tr>
<tr><td>票价 FARE</td><td colspan="10" rowspan="2">票价计算 FARE CALCULATION</td></tr>
<tr><td>实付等值货币
EQUIV FARE PD</td></tr>
<tr><td>税款
TAX</td><td colspan="10">须遵照旅客乘机联前面的须知条款
SUBJECT TO CONDITION OF CONTRACT ON THE FRONT OF FLIGHT COUPON</td></tr>
<tr><td>总额
TOTAL</td><td>票联
CPN</td><td colspan="3">航空公司代号
客票顺序号
AIRLINE CODE FORM AND
SERIAL NUMBER</td><td colspan="2">检查
号 CK</td><td colspan="4">原出票凭证号
地点
日期
营业员号
ORIGINAL ISSUE NUMBER
PLACE DATE AGENT CODE
DOCUMENT</td></tr>
<tr><td>付款方式
FORM OF PAYMENT</td><td colspan="8">票号 NUMBER</td><td colspan="2">其他</td></tr>
</table>

图 2—2　国内客票及行李票示例

客票上各栏目的填写方法如下：

(1) 乘机旅客信息

1）按旅客身份证件上的旅客全名填写旅客姓名。

2）对按正常票价 50% 付费的儿童旅客，在姓名后加 CHD（Child）；对按正常票价 10% 付费的婴儿旅客，在姓名后加 INF（Infant），在客票签注栏内注明陪伴人客票的号码，在陪伴人客票签注栏内注明婴儿客票的号码。有时在儿童或婴儿旅客的姓名后要加注出生日期或年龄。例如，王洋 CHD 20MAR16。

3）5 ~ 12 周岁无成人陪伴儿童姓名后注明“UM（Unaccompanied Minor）+ 年龄”，12 ~ 16 周岁无成人陪伴儿童姓名后注明“YP（Young Passenger）+ 年龄”。

4）其他特殊旅客应在姓名后注明相应代码字样，见表 2—1。

表 2—1　旅客姓名后加注的代码

代码	含义
VIP	重要的旅客
VVIP	非常重要的旅客
CIP	重要的商务旅客
CBBG	行李放入客舱自行照管，并占用座位的付费旅客
COUR	商业信使
DIPL	外交信使
EXST	占用一个座位以上的付费旅客
UM	无成人陪伴，年龄在 12 周岁以下的儿童（UM 后加年龄）
SP（可不填）	加在旅客姓名之后，以说明由于无自理能力，此旅客须予以帮助
STCR	使用担架的旅客

(2) 旅程信息

1）“自 / 至”栏（FROM/TO）。根据旅客航程，将始发地点填入“自（FROM）”栏内，然后按照旅程顺序把后续点的名称依次填入各“至（TO）”栏内。填写时，地名一律用

汉字全名，后面加上机场三字代码。当某城市有一个以上机场时，必须同时填写城市和到达机场全名。

2）“承运人”栏（CARRIER）。填写各航段已经申请或订妥座位的承运人的两字代码。如无已经申请或订妥座位的承运人，此栏不填。

3）“航班号”栏（FLIGHT）。填写已订妥座位或已申请座位的航班号。

4）“座位等级”栏（CLASS）。填写已订妥座位或已申请座位的座位等级代号，以各航空公司规定为准。

5）“日期”栏（DATE）。填写乘机日期，两位阿拉伯数字表示日，月份用英文单词前三个字母的缩写，如10月1日表示为01OCT。

6）“时间”栏（TIME）。根据航空公司公布的班期离港时间填写，以24小时制表示，上午八点半应表示为0830，下午八点五分应表示为2005。以上时间为始发地当地时间。

7）“订座情况”栏（STATUS）。“OK”表示座位已订妥，“RQ”表示已经订座但未获得证实或列入候补，“NS（NO SEAT）”表示不单独占座的婴儿，“SA”表示利用空余座位。

旅客没有订座或没有订妥座位，应在“订座记录”各栏（包括“航班号”“座位等级”“日期”“时间”“订座情况”栏）横贯填写“OPEN”字样。如有多余乘机联，应在“订座记录”各栏填写“VOID”字样。

如果在填开客票后，旅客所申请的座位才获得证实，或原不定期航段改为定期航段，应填写更改标签，粘贴在有关乘机联、旅客联的相应栏目内，并加盖营业用章或客票专用章。

8）“客票级别／客票类别”栏（FAREBASIS/TKTDESIGNATOR）。本栏填写旅客所付的票价限定代号和旅客在部分航段上所享受的折扣票价类别的代号。如果旅客所享受的票价折扣适用于整本客票，应当在本栏内航程种类代号后填写相应折扣类别代号。

（3）行李运输信息

1）“免费行李额”栏（ALLOW）。根据旅客所持客票的票价类别和座位等级分别填写免费的行李额，一般以千克计。按成人正常票价10%付费的婴儿没有免费行李额，此栏填写“ML”。按相应舱位付儿童票价的未成年旅客同成人享有相同的免费行李额。

2）“交运行李”（BAGGAGE CHECKED）、“件数”（PCS）、“重量”（WT）栏。旅客办理乘机手续时，由值机人员填写交运行李的总件数和总重量。

团体旅客行李仅在负责人的客票内填写并在旅客的“签注”栏内注明“PL（Pieces of Luggage）和旅客人数”。如16名旅客的团体注明“PL16”字样，并在该团体其他旅客的客票上交运行李的“件数”和“重量”栏内填写“PL”和负责人客票号码的最后三位数字，如“PL/568”。

（4）票价信息

1）“票价计算”栏（FARE CALCULATION）。填写票价的计算过程或运用此票价的依据。

☆小案例

某旅客购买了三亚—上海、上海—北京的联程机票，其中第一段是海南航空公司的航班，票价为650元；第二段是中国国际航空公司的航班，票价为480元，在“票价计算”栏内应打印：

SYA HU SHA 650.00YB CA PEK 480.00 YB TOT1130.00END

或

SYA HU SHA 650.00YB CA PEK 480.00YB CNY1130.00END

2）“票价”栏（FARE）。填写全航程的票价总额，付款货币为人民币时，应在票价总额前打印货币三字代码“CNY”。

3）“实付等值货币”栏（EQUIV FARE PD）。以人民币支付时，填“CNY”；如以旅费证（MCO）或预付票款（PTA）换开客票时，可填MCO或PTA换开的外币，并注明MCO或PTA的原票证号码，然后折算成人民币，填“CNY”。

4）“税款”栏（TAX）。国内客票此栏可填写机场建设费（CN）和国内航线燃油附加费（YQ）。12周岁（含）以下的儿童和婴儿免交机场建设费，其他持全票、优惠票或免票的旅客须按规定缴纳税款。

5）“总额”栏（TOTAL）。将“票价”栏的金额加上“税款”栏的金额计得的总金额填入此栏，在总金额前加上货币代号“CNY”。

6）“付款方式”栏（FORM OF PAYMENT）。根据付款情况，将旅客的付款方式填写在本栏，分别为CASH（现金）、CHEQUE（支票）、TKT（客票换开）、MCO（旅费证）、PTA（预付票款通知）、CC（信用卡支付）。换开客票需补收差价时，应填写原客票的付款方式和新的付款方式。

(5) 出票信息

1)“始发地 / 目的地”栏(ORIGIN/DESTINATION)。旅客航程需用两本或两本以上客票时，每本客票都应将全航程的始发地和目的地三字代码填入本栏。例如，填开BKK—CAN—PEK，则打印BKK/PEK。

2)“连续客票”栏(CONJUNCTION TICKET)。在全航程使用几本连续客票时，应在每本客票的本栏内填写各本客票的客票号码。具体填写方法是列明第一本客票的全部客票号码，然后加列其他各本后续客票号码中序号的最后两个数字。

例如，填开东方航空公司三本连续客票781-1129123072、781-1129123073、781-1129123074，则在本栏内填写为781-1129123072/73/74。

3)“换开凭证”栏(ISSUED IN EXCHANGE FOR)。填写凭以换开客票的原客票、旅费证或预付票款通知的票证号码，包括承运人的票证代号、票证序号等，但不包括检查号。例如，TKT 880-2207948653。

4)“出票日期及地点”栏(DATE AND PLACE OF ISSUE)。填写出票日期及地点，并由经手人在“出票人”或“营业员”处签字并盖业务用章。盖章和签字必须清晰，易于辨认，未盖业务用章的客票一律无效。

5)“订座记录编号”栏(BOOKINC REFERENCE)。将旅客的订座记录编号填入本栏。

6)“原出票”栏(ORIGINAL ISSUE DOCUMENT)。当客票根据原客票换开时，本栏按下列规定填写：

①应在所填开的新客票的本栏内填入被换开客票的全部号码、出票日期和地点，以及出售该客票的航空公司或代理人的代号。本栏所填写的内容也作为原出票人签转权利的证明。

②如在原始票证的相同栏内已有填注，应将填注的内容照转填入所填开的新客票的本栏内。

7)“填开单位”栏(ISSUED BY)。印制或打印客票所属航空公司的全名称，包括中英文全称。

(6) 签注信息

“签注”栏[RESTRICTIONS/ENDORSEMENTS(CARBON)]填写使用整本客票或某一乘机联需要特别注明的事项。具体包括：

1)将客票的有关乘机联签转给其他承运人(航空公司)时，应按照签转规定在本栏

注明，或使用签转图章。如果客票不得签转，也应在本栏注明“NON ENDORSABLE”，中国公民可用中文填写“不得签转”字样。

2）签注对客票使用者限制的规定。

3）签注对客票有效期的延长情况。

4）签注旅客使用折扣票和特价票的旅行限制。

5）签注航班的订座情况。

需注意的是，客票“签注”栏的背面没有复写油墨，签注的事项只适用于填写的乘机联，如涉及全本客票，应当在各联的本栏内分别填明。

（7）客票有效期

1）“客票生效日期”栏（NOT VALID BEFORE）。填写客票开始生效的日期，如客票的生效日期是 9 月 20 日，则填写“20SEP”。

2）“有效截止日期”栏（NOT VALID AFTER）。填写客票有效期截止的日期，如客票的截止日期是 5 月 18 日，则填写“18MAY”。

2. 国际客票及行李票的填开

在客票填开方面，国际客票与国内客票基本相同，主要有以下区别：

（1）旅客姓名

国际客票的旅客姓名填写形式是姓 / 名（或名的首字母）+ 称呼（MR、MISS、MRS）。例如，李刚先生，应填写为 Li Gang MR（中国旅客）; JOHN SMITH，应填写为 SMITH JOHN MR 或 SMITH/J MR（外国旅客）。

如果名字不便使用，或此栏无足够空间时，可以用名字的首个字母取代。例如，旅客 WILLIAM HENRY SMITH，可填写 SMITH/WH MR。

（2）旅客证件

应使用旅客护照作为有效证件，输入护照号码、有效期和颁发国家。

（3）特殊旅客加注代码

国际客票中的特殊旅客加注代码较国内客票增加下列几项：

1）DEPA：有押送人员随机同行的不符合入境规定而被遣返的旅客。

2）DEPU：无押送人员随机同行的不符合入境规定而被遣返的旅客。

3）INAD：未办理签证手续或护照有效期失效而被有关国家拒绝入境的旅客。

国际客票及行李票示例如图 2—3 所示。

<table>
<tr><td colspan="3">FROM/TO</td><td colspan="5" rowspan="2">ENDORSEMENTS/RESTRICTION/
（CARBON）</td><td colspan="4">ORIGIN/DESTINATION</td><td colspan="2" rowspan="2">AUDIT
COUPON
PLACE OF
ISSUE-
AGENCY</td></tr>
<tr><td></td><td>CARR</td><td>FARE
CALC</td><td colspan="4">AIRLINE DATE</td></tr>
<tr><td></td><td></td><td></td><td colspan="3">NAME OF PASSENGER
NOT TRANSFERABLE</td><td colspan="2">DATE OF
ISSUE</td><td colspan="4">ISSUED IN EXCHANGE FOR</td><td colspan="2"></td></tr>
<tr><td></td><td></td><td></td><td>CONJUCTION
TICKETS</td><td colspan="8">ORIGINAL AIRLINE FORM SERIAL NO.PLACE DATE AGENT NUMERIC CODE</td><td colspan="2"></td></tr>
<tr><td></td><td></td><td></td><td>NOT GOOD
FOR
PASSENGER
TO</td><td>CARRIER</td><td>FLIGHT/
CLASS</td><td>DATE</td><td>TIME</td><td>STATUS</td><td>FARE
BASIS</td><td>NOT
VALID
BEFORE</td><td>VALID
AFTER</td><td>ALLOW</td><td>BAGGAG
CK/UNCK</td></tr>
<tr><td></td><td></td><td></td><td>FROM</td><td></td><td></td><td></td><td></td><td></td><td></td><td></td><td></td><td></td><td>PCS WT</td></tr>
<tr><td></td><td></td><td></td><td>TO</td><td></td><td></td><td></td><td></td><td></td><td></td><td></td><td></td><td></td><td>PCS WT</td></tr>
<tr><td></td><td></td><td></td><td>TO</td><td></td><td></td><td></td><td></td><td></td><td></td><td></td><td></td><td></td><td>PCS WT</td></tr>
<tr><td></td><td></td><td></td><td>TO</td><td colspan="10">TOUR CODE</td></tr>
<tr><td colspan="2">TOTAL
FARE
CALC</td><td></td><td colspan="6">FORM OF PAYMENT</td><td colspan="5" rowspan="2">PASSENGER TICKET AND BAGGAG CHECK-ISSUED BY
SUBJECT TO CONDITIONS OF CONTRACT IN THIS TICKET</td></tr>
<tr><td colspan="3">FARE</td><td colspan="2">EQUIV FARE PD</td><td colspan="2">TAX</td><td>TAX</td><td>TAX</td></tr>
<tr><td>TOTAL</td><td colspan="2">CURRENCY</td><td colspan="2">CASH
CLLECTION</td><td colspan="2">CREDIT
BALANCE</td><td>COMM RATE</td><td>TAX
AMOUNT</td><td colspan="5">CPN AIRLINE CODE FORM AND SERIAL NUMBER</td></tr>
</table>

图 2—3 国际客票及行李票示例

四、电子客票

1. 电子客票概述

电子客票（Electronic Ticket）是纸质机票的电子形式，是一种电子号码记录。电子客票将票面信息存储在订座系统中，可以像纸质机票一样执行出票、作废、退票、换开、更改、签转等操作。

电子客票行程单（见图 2—4）作为电子客票的纸质载体，由国家税务总局监制并按照《中华人民共和国发票管理办法》纳入税务机关发票管理，是旅客购买国内航空运输电子客票的付款及报销凭证，但不作为登机凭证。

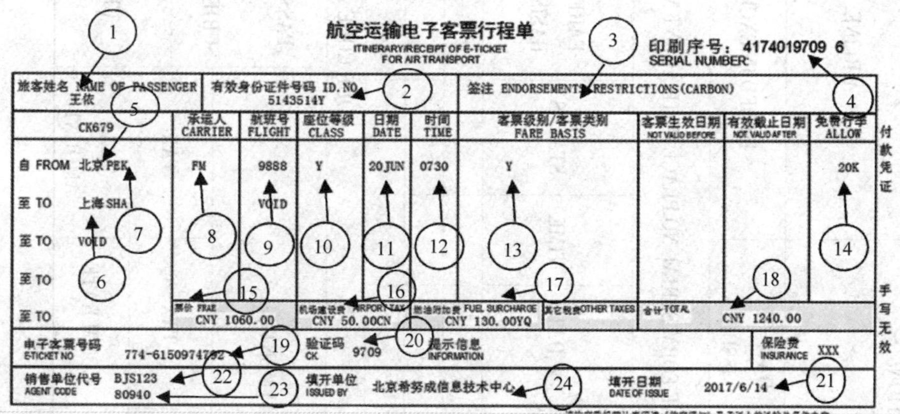

航空运输电子客票行程单
ITINERARY/RECEIPT OF E-TICKET FOR AIR TRANSPORT
印刷序号：4174019709 6 SERIAL NUMBER

旅客姓名 NAME OF PASSENGER 王依
有效身份证件号码 ID. NO 5143514Y
签注 ENDORSEMENTS/RESTRICTIONS(CARBON)

CK679	承运人 CARRIER	航班号 FLIGHT	座位等级 CLASS	日期 DATE	时间 TIME	客票级别/客票类别 FARE BASIS	客票生效日期 NOT VALID BEFORE	有效截止日期 NOT VALID AFTER	免费行李 ALLOW
自 FROM 北京 PEK	FM	9888	Y	20JUN	0730	Y			20K
至 TO 上海 SHA		VOID							
至 TO VOID									
至 TO									
至 TO	票价 FARE CNY 1060.00	机场建设费 AIRPORT TAX CNY 50.00CN		燃油附加费 FUEL SURCHARGE CNY 130.00YQ		其它税费 OTHER TAXES	合计 TOTAL CNY 1240.00		

电子客票号码 E-TICKET NO 774-6150974792 验证码 CK 9709 提示信息 INFORMATION 保险费 INSURANCE XXX
销售单位代号 AGENT CODE BJS123 80940 填开单位 ISSUED BY 北京希努成信息技术中心 填开日期 DATE OF ISSUE 2017/6/14

付款凭证 手写无效

图 2—4　电子客票行程单

1—旅客姓名　2—旅客身份证件号码　3—签注　4—印刷序号　5—出发城市　6—到达城市　7—出发城市三字代码　8—承运航空公司代码　9—航班号　10—舱位等级　11—起飞日期　12—起飞时间　13—客票级别　14—免费行李额　15—票价　16—机场建设费　17—燃油附加费　18—总票价　19—电子客票号码　20—验证码　21—填开日期　22—销售单位代号　23—IATA 号码　24—填开单位

2. 电子客票的特点

（1）电子客票实现无纸化，降低了航空公司成本。

（2）电子客票便于收集数据，方便航空公司调整航线运力计划。

（3）电子客票可实现旅客自助购票、自助办理值机和自助登机，缩短了排队等待时间，减少了航空公司与旅客之间的矛盾。

（4）电子客票的票价制定方式更全面、更灵活，能够满足市场需求。

单元三　客 票 实 务

一、订座出票

民航票务人员在查验旅客的有效身份证件，并向订座系统输入旅客姓名、证件号码、航班号、日期、舱位等信息，系统接收并通过后，就完成了订座操作。旅客在规定的时间内有效支付票款，即可出票。

二、座位再证实

1. 持 OPEN 票旅客的座位再证实

OPEN 票即不定期客票，是指未列明航班日期和未订妥座位的客票。持 OPEN 客票的旅客乘机前需先订妥座位，方可乘机。

民航票务人员在办理持OPEN票旅客的座位再证实手续时，首先请旅客填写订座单，查看旅客的有效身份证明，若没有问题且航班仍有空余座位，则重新建立订座记录并注明为 OPEN 票，然后在客票的相应位置粘贴更改小条，并加盖座位再证实章，另外在填好的订座单上加盖座位再证实章后留存。

2. 已订妥座位旅客的座位再证实

按照国际民航惯例，旅客持有已订妥座位的客票，在联程站或回程站停留时间超过 72 小时，需对续程航班的座位进行再证实，否则座位不予保留。凡是持国内客票的旅客，需在联程或回程航班离站前两天的中午 12 点之前，办理联程或回程航班座位的再证实手续；凡是持国际客票的旅客，最迟应在航班起飞前 72 小时对续程航班进行座位再证实。

民航票务人员在办理已订妥座位旅客的座位再证实手续时，首先请旅客填写订座单，查验旅客的有效身份证明，然后提取旅客的订座记录，更改订座状态。若无订座记录，则重新建立，并在客票上填写两个记录编号，最后在客票上加盖座位再证实章，并将填写完好的订座单加盖座位再证实章后留存。

随着电子客票的发展和普及，许多航空公司目前已经取消对于已订妥座位旅客的座位再证实手续。

二、客票变更

客票变更是指旅客购票后，要求变更航班日期、承运人（航空公司）和航程等内容。

1. 变更航班日期的客票处理

当旅客要求变更航班日期时，应根据以下两个方面判断可否给予办理变更手续：

（1）“签注”栏是否有关于改变航班日期的限制，若没有限制，则可予以办理。

（2）“有效截止日期”栏注明的日期段是否包含旅客要求变更的航班日期，若包含，则可予以办理。

2. 变更承运人（航空公司）的客票处理

当旅客要求变更承运人（航空公司）时，应判断该客票是否需要经过有关方面的签转。假设新承运人（航空公司）为 ×× 航空公司，则下列情况不需签转便可办理变更手续：

（1）该客票为 ×× 航空公司的客票。

（2）×× 航空公司为欲变更的乘机联上列明的承运人（航空公司）。

（3）变更的乘机联上“承运人”栏为“OPEN”。

（4）×× 航空公司为该客票的原始出票人。

3. 变更航程的客票处理

（1）自愿变更航程的处理

旅客已开始旅行但未到达目的地点前要求变更客票中未使用部分载明的航程、目的地、承运人（航空公司）、座位等级、航班或者客票有效期，为自愿变更航程。

自愿变更航程的处理方法如下：

1）旅客应当在未到达客票载明的目的地点前提出。

2）变更航程后，应当适用原客票载明的运输开始之日所适用的票价和各项费用。

3）变更航程后的票价和各项费用与原票价和各项费用的差额应当由旅客支付或者由承运人（航空公司）退还。

4）变更航程后填开新客票的有效期应当与原客票所适用的有效期相同，并从原客票载明的运输开始之次日零时起计算。

（2）非自愿变更航程的处理

承运人（航空公司）取消旅客已订妥座位的航班，或者航班未在旅客的目的地或者中途分程地降停，或者未能合理地按照班期飞行，或者未能提供事先订妥的座位造成旅

客改变航程，为非自愿变更航程。

非自愿变更航程的处理方法如下：

1）承运人（航空公司）为旅客安排第一个能够订妥座位的航班或者签转给其他承运人（航空公司）。

2）承运人（航空公司）改变原客票载明的航程，安排承运人（航空公司）的航班或者签转给其他承运人（航空公司），将旅客运送到目的地或者中途分程地。

三、退票

1. 自愿退票的处理

由于旅客原因，未能按照运输合同完成航空运输，在客票有效期内要求退票，称为自愿退票。

在办理退票流程时，一般遵循“在哪里购买在哪里退票”原则，如在航空公司官网购买的客票，需联系官网客户服务人员，待客户服务人员查询到航班信息并核实后，即可办理退票手续。

旅客自愿退票的退票费以旅客所购客票的舱位等级为标准、按照一定的百分比进行计收，部分航空公司收取的退票费与旅客提出退票的时间有关。各航空公司有关退票费收取的规定不同，实际操作时应咨询相关航空公司。

2. 非自愿退票的处理

由于下列原因，旅客不能在客票有效期内完成部分或全部航程而要求退票，称为非自愿退票：

（1）承运人（航空公司）取消航班。

（2）承运人（航空公司）未按班期时刻表飞行。

（3）飞机未在旅客所持客票上列明的目的地或分程地降停。

（4）航班衔接错失。

（5）承运人（航空公司）要求旅客途中下机或拒绝旅客乘机［因旅客证件不符合要求或违反国家或承运人（航空公司）规定者除外］。

旅客非自愿退票，票款全部退还。

知识窗

针对一些特殊客票，某些航空公司为了保障自身权益，对于客票变更及退票

等情况提出了“三不可”要求，具体如下：

（1）不可签转：指出票后不能更改承运人（航空公司）。

（2）不可更改：指出票后不能更改日期或航班。

（3）不可退票：指出票后不能退票。

思考与练习

1. 民航旅客运价是如何制定的？
2. 简述客票的种类和有效期。
3. 简述客票填开的主要内容。
4. 简述客票变更的处理方法。
5. 简述退票的相关规定。

模块三
民航旅客运输服务

学习目标

☞ 掌握旅客运输的基本流程和一般规定

☞ 了解飞机配载的作用和内容

☞ 了解值机服务的流程和岗位要求

☞ 了解联检的工作流程

☞ 熟悉旅客引导服务的基本流程

案例导入

旅行就要结束了，小明和爸爸妈妈一起收拾行李准备返程。

第二天一大早，全家人按照机票显示的航班起飞时间提前2个小时来到机场。准备办理值机手续时，发现柜台还没有开放。发生了什么事？难道航班取消了？这时，航空公司的值机经理走过来，告诉小明爸爸，航班值机时间还没到，他们早来了几个小时。小明爸爸恍然大悟：航班起飞时间以当地时间为准，他们按照北京时间出发，确实来早了。

等到值机时，值机人员面有难色地说道：先生，你们乘坐的航班超售了，你们愿意乘坐2小时后到阿拉木图的中转航班再到北京吗？看到小明爸爸一脸犹豫，值机人员赶紧说道："到阿拉木图的中转航班正好有3个商务舱空座，我们愿意免费给你们升舱，全程提供商务舱餐食。"小明和妈妈一听很高兴，赶紧鼓动爸爸同意了。就这样，他们一家人开心地乘坐商务舱到了阿拉木图，再中转到北京，最后乘坐经济舱从北京回到了威海。

点评：

旅客运输服务涉及的事项繁杂且多变，想要完美地利用各种有利条件解决问题，要求民航服务人员精通行业知识，善于把握时机和旅客心理，在解决问题、避免争执的同时，能够提升企业形象和竞争力。

单元一　旅客运输概述

一、旅客运输基本流程

1. 出发流程

旅客运输出发流程如图3—1所示。

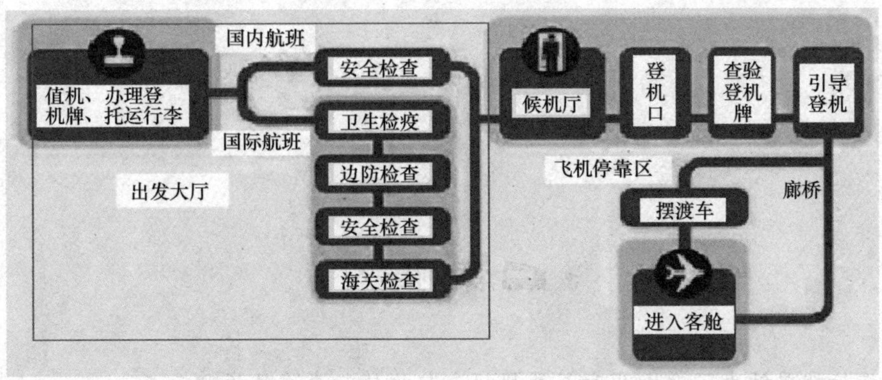

图 3—1 旅客运输出发流程

(1) 办理值机手续

旅客到达机场出发大厅后，凭有效身份证件到航空公司值机柜台或自助值机柜台，办理乘机和行李交运手续，领取登机牌和行李牌。

(2) 通过联检

1）国内航班。办理值机手续后，国内航班旅客到国内安检通道，向安检工作人员出示登机牌和身份证等有效证件，完成登机前安全检查。旅客随身携带的行李物品要通过 X 光机检查，旅客本人要经过金属探测器检查。通过安全检查后，旅客进入候机厅等待登机。

2）国际航班。国际航班旅客经过卫生检疫通道，到国际边防检查通道，向边防工作人员出示登机牌和护照等有效证件，依次通过边防检查、安全检查和海关检查后进入候机厅等待登机。

如果随身携带贵重物品，国际航班旅客可以到海关填写申报表后交海关查验盖章，保存申报表。回国后如海关查验时，可把申报表交海关验证。

(3) 候机

旅客根据登机牌上的登机口到相应候机区等候登机。一般情况下，在航班起飞前约 30 分钟，旅客开始登机，旅客应留意广播提示和航班信息显示。

(4) 登机

在听到登机通知后，旅客向机场地面服务人员出示登机牌，在其指挥和引导下，通过廊桥或乘坐摆渡车有序登机，按照登机牌座位就座。在飞机舱门附近，如果遇到安检工作人员，旅客应再次出示登机牌。

(5) 行李装机

旅客交运的行李由货运工作人员直接装载到同一架飞机的货舱，与旅客同步运输。

2. 到达流程

旅客运输到达流程如图 3—2 所示。

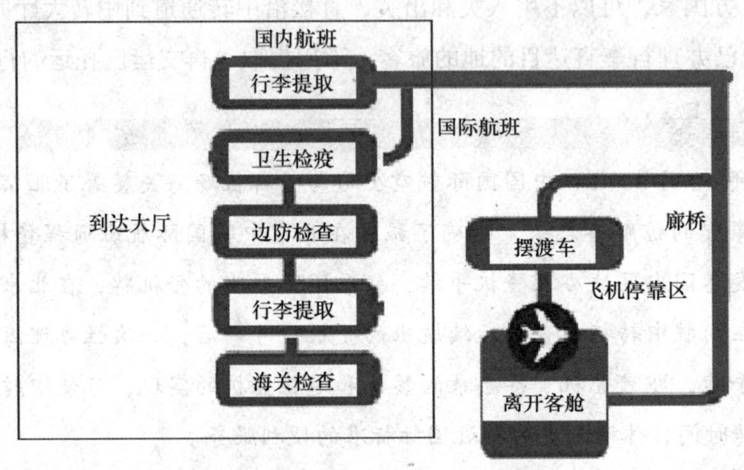

图 3—2　旅客运输到达流程

（1）国内航班飞机到达停机位后，旅客携带随身行李和物品离开飞机，在地面服务人员的引导下，通过廊桥或乘坐摆渡车到达行李大厅，提取行李。

国际航班飞机到达停机位，卫生检疫工作人员登机检查后，旅客携带随身行李和物品离开飞机，在地面服务人员的引导下，通过廊桥或乘坐摆渡车到达边防通道，通过边防检查后到达行李大厅。外国旅客填写入境表格、出示护照等有效证件入关，然后到达行李大厅。

（2）按航班号和行李牌，旅客到相应的行李传送带提取交运的行李。如果找不到托运行李，可向行李查询柜台服务人员寻求帮助。

（3）旅客提取行李后，航空公司的运输业务结束。

3. 经停流程

（1）飞机到达停机位后，经停旅客携带随身行李和物品离开飞机，在地面服务人员的引导下，通过廊桥或乘坐摆渡车到达候机大厅，等待再次登机。

（2）在听到登机通知后，经停旅客向地面服务人员出示原登机牌，优先登机，按照原登机牌座位就座。

（3）货运工作人员分拣旅客交运的行李，目的地旅客的行李送至行李大厅，经停旅客的行李继续与旅客同步运输。

4. 中转流程

飞机到达停机位后，中转旅客到中转大厅办理中转手续，开始下一段航程。如果中转机场是第三方国家，可以不用入关和出关，直接沿中转通道到中转大厅办理行李提取和出发流程。已办理行李直达目的地的旅客，不用提取、再交运已托运的行李。

知识窗

2008 年 12 月 30 日，中国国际航空公司与首都机场海关签署了北京通程登机业务相关事宜的谅解备忘录，明确了旅客在北京中转国际航班通程登机的流程。旅客在始发港国内区域办理登机手续，领取国际航班的登机牌，在北京不提取行李，只需在国航中转柜台查询后续航班的登机口号码后，一次性办理海关手续及其他出境手续，即可登机。备忘录的签署和通程登机的实现，可使中转旅客极大地节省中转时间，体验到更为接近国际标准的便利服务。

二、旅客运输的一般规定

《中国民用航空旅客、行李国际运输规则》对旅客运输有以下规定：

1. 承运人（航空公司）可以安全原因，或者根据其规定认为属下列情况之一的，有权拒绝运输旅客及其行李，由此给旅客造成的损失，承运人（航空公司）不承担责任：

（1）未遵守始发地、经停地、目的地或者飞越国家的法律及其他有关规定；

（2）旅客的行为、年龄、精神或者健康状况不适合旅行，或者可能给其他旅客造成不舒适，或者可能对旅客本人或者其他人员的生命或者财产造成危险或者危害；

（3）旅客未遵守承运人（航空公司）的有关规定；

（4）旅客拒绝接受安全检查；

（5）旅客未按规定支付适用的票价及有关费用；

（6）旅客未出示有效客票；

（7）旅客不能证明本人即是客票上“旅客姓名”栏内载明的人；

（8）旅客未出示有效的旅行证件；

（9）旅客可能在过境国寻求入境、旅客可能在飞行中销毁其证件或者旅客不按承运人（航空公司）要求将旅行证件交由机组保存。

2. 无成人陪伴儿童、无自理能力人、孕妇或者患病者乘机，应当经承运人（航空公司）同意，并事先做出安排。

3. 承运人（航空公司）应当采取一切必要的措施，按照公布的在旅行之日有效的航班时刻，合理地运送旅客及其行李，并按“客票及行李票”上的合同条件办理。

4. 有下列情况之一的，承运人（航空公司）可以不经事先通知，取消、中断、变更、延期或者推迟航班飞行：

（1）为了遵守中华人民共和国或者运输过程中有关国家的法律及其他有关规定；

（2）为了保证飞行安全；

（3）承运人（航空公司）无法控制或者不能预见的其他原因。

知识窗

若旅客未能按时到达航空公司的值机柜台办理乘机手续，或未能出示其有效身份证件，航空公司为不延误航班，通常会取消旅客已订妥的座位。对旅客由此所产生的损失和费用，航空公司不承担责任。航空公司开始办理航班乘机手续的时间，一般不迟于航班离港时间前 90 分钟，停止办理乘机手续的时间为航班离港时间前至少 30 分钟，具体时间受航班、机场制约而有所调整。航空公司应将上述时间以适当方式告知旅客。

三、特殊旅客运输的相关规定

1. 重要旅客

重要旅客简称要客，是指旅客的身份、职务重要或者知名度高，乘坐民航飞机时需给予特别礼遇和照顾的旅客。

（1）重要旅客分类

1）特别重要旅客（VVIP）：国家级领导，包括全国人大常委会副委员长、全国政协副主席、国务院副总理(国家委员）、国家副主席、最高人民法院院长、最高人民检察院检察长。

2）一般重要旅客（VIP）：省部级领导、国外使节，承运人（航空公司）认为需要给予特别礼遇的其他人士。

3）商务要客（CIP）：工商业、金融业重要人士。

（2）重要旅客订座服务流程

1）订座。重要旅客订座、购票，应予以优先保证。重要旅客订座一般要求经办人

到售票处要客服务柜台填写订座单或通过传真方式办理。经办人须详细填写重要旅客订座单，介绍清楚重要旅客的职务、级别和需要提供的特殊服务等相关信息。

重要旅客订座后，接受订座单位应向联程、回程港拍发订座电报，并在订座系统的备注项中注明重要旅客的职务（级别）、特殊服务要求等。联程、回程港接到要客订座电报后，应保证座位并及时拍发答复电报。

2）出票。重要旅客的客票填写除了遵守一般规定外，还应在要客姓名后添加VVIP、VIP、CIP字样，售票单位在出票之后要归档登记。

3）要客通知。重要旅客办理订座手续后，售票单位应最迟在航班飞行前一天下午4时前发特殊旅客通知（SPA/VIP）给相关部门，及时将要客信息通知始发港、中途港、到达港及要客乘坐航班所属航空公司的要客服务部门。

对于VVIP旅客乘坐的航班，要求该航班严禁押送犯罪嫌疑人、精神病患者，严禁在该航班上装载危险品。

(3) 重要旅客离港服务流程

1）值机部门优先为重要旅客办理乘机手续，将舒适的座位提供给重要旅客。

2）地面服务人员要逐件核对重要旅客的行李，并贴挂“重要旅客（VIP）”标志牌，防止行李错运、丢失或损坏。装卸行李、货物时，要将重要旅客的行李放置在靠近舱门口的位置，到达后优先卸机和交付。

3）要客服务部门应事先准备好贵宾休息室，备妥供应物品，派专人协助重要旅客办理乘机手续。

4）要客服务人员必须掌握航班信息，及时将航班起飞时间通知重要旅客，并根据重要旅客的意见引导重要旅客最先或最后登机。

5）出现航班延误等不正常情况时，要客服务人员应征询重要旅客的意愿，根据其要求安排休息、食宿、航班改签等相关服务。

6）重要旅客登机后，要客服务人员要与客舱乘务员办理交接手续。

7）飞机起飞后5分钟内，始发港的值机部门应立即拍发要客VIP电报，通知各有关中途港和到达港的要客服务部门。

(4) 重要旅客客舱服务流程

1）客舱乘务员应事先掌握重要旅客身份和特殊服务要求，并据此制定相应服务方案，安排专人提供服务。

2）在重要旅客到达时，客舱乘务员要主动问候，热情引导重要旅客入座；如果重

要旅客有随同人员，应安排好随同人员入座；征得重要旅客同意后，为其挂放、保管衣帽等物品。

3）在飞行过程中，客舱乘务员应根据重要旅客的情况，主动、热情、周到地做好客舱服务工作。

4）客舱乘务员要加强客舱巡视，及时满足重要旅客的服务要求；当飞机抵达后，引导重要旅客先下飞机，并热情送行。

(5) 重要旅客进港服务流程

1）目的地机场要随时掌握重要旅客航班信息动态，及时通知相关单位。

2）在飞机预计到达前半小时，客舱服务员应通知地面服务人员做好准备。地面服务人员应提前 15 分钟到达接机地点（飞机停靠远机位时，应提前 20 分钟到达指定停机位），在舱门口迎接重要旅客。

3）为重要旅客提供贵宾车服务。

4）接到重要旅客后，地面服务人员应帮助重要旅客提拿行李，把重要旅客送至候机楼出口处，并与重要旅客礼貌告别。

要特别注意的是，对于重要旅客的出行信息，相关服务人员应严格保密。

2. 无成人陪伴儿童旅客

年龄在 5 周岁以上、12 周岁以下，没有年满 18 周岁且有民事行为能力的成人陪伴，单独乘机的儿童为无成人陪伴儿童旅客。不足 5 周岁的无成人陪伴儿童原则上不予承运。

(1) 运输条件

无成人陪伴儿童旅客符合下列条件者，方能接受运输：

1）无成人陪伴儿童应由儿童的父母或监护人陪送到上机地点，并在儿童的转机地点、下机地点安排人员予以迎接和照料，并提供相关人员的姓名、电话和地址。

2）无成人陪伴儿童的承运必须在运输始发港预先向航空公司的售票部门提出，如果是联程运输，需得到转机航港的确认。

(2) 运输规定

1）无成人陪伴儿童应尽量安排在直达航班上运输；如需联程运输时，应尽量安排在衔接时间较短的联程航班上，并取得相关承运人（航空公司）的同意。

2）无成人陪伴儿童需另派服务人员随机陪伴时，应由座位控制部门预留座位。

3）航空公司在给无成人陪伴儿童出票时，同时应准备无成人陪伴儿童文件袋，用于存放各种运输凭证（客票和行李票）、无成人陪伴儿童运输申请书以及有关的身份证件等，并将文件袋和标志牌发给儿童。在儿童乘机时，标志牌应挂在儿童的胸前。

4）由于承运人（航空公司）对无成人陪伴儿童负有责任并须提供特殊服务和照顾，每一个航班运输无成人陪伴儿童旅客数量有一定的限制。

（3）票价

1）无成人陪伴儿童旅客的票价按相应的儿童票价计收，单独占一个座位。

2）如要求承运人（航空公司）另派服务人员随机陪伴儿童旅行，应预先提出，经承运人（航空公司）同意后，方能接受。另派服务人员随机陪伴的儿童票价，按相应儿童票价的两倍收取。

3）无成人陪伴儿童旅客在航班衔接地点雇用当地服务人员照料时，所需服务费用按该服务部门的规定收取。

3. 孕妇旅客

高空飞行中，由于空气中氧气成分相对减少、气压降低，因此民航对于运输孕妇旅客有一定的限制条件。

（1）运输条件

1）怀孕 32 周或不足 32 周的孕妇，除医生诊断不宜乘机者外，可按一般旅客运输。

2）怀孕超过 32 周的孕妇乘机，应提供乘机前 72 小时内填开的医生诊断证明。医生诊断证明经县级（含）以上医疗单位盖章和医生签字有效。

3）怀孕超过 36 周孕妇不予接受运输。

（2）相关手续

1）怀孕 32 ~ 36 周孕妇旅客订座，应填写特殊旅客（孕妇）运输申请表，并提供诊断证明书一式两份，一份用于旅客办理值机手续，一份由售票单位留存并传真至值机部门、运行控制部门留存。

2）在订座系统的备注项内，应注明孕妇旅客的孕期和需要提供的特殊照料项目。

4. 病残旅客

（1）病残旅客概述

病残旅客是指由于身体或精神的缺陷或病态，不能照料自己，需由他人帮助照料的

旅客。病残旅客一般分为以下几种：

1）身体患病旅客。

2）盲人旅客。

3）担架旅客。

4）肢体伤残旅客。

5）轮椅旅客。

6）需使用机上氧气设备的旅客。

先天性残疾的旅客，如先天性跛足等，不归入病残旅客范围。

（2）运输条件

病残旅客运输应提供适于乘机的诊断证明书，并填写特殊旅客运输申请表。诊断证明书在航班起飞前96小时内填开，由县、市级以上医疗单位提供，经医生签字及医疗单位盖章有效。病情严重旅客的诊断证明书在航班起飞前48小时内填开有效。

特殊旅客运输申请表和诊断证明书均一式两份，一份用于旅客办理值机手续，一份由售票单位留存并传真至值机部门、运行控制部门留存。

（3）特殊说明

1）传染病患者及精神病患者或健康状况可能危及自身或影响其他旅客安全的旅客，承运人（航空公司）不予承运。

2）病残旅客乘机原则上需要有陪同人员。病残旅客符合下列条件，经旅客申请并获同意者可以单独旅行：经医生证明可以单独旅行，旅行途中能够照料自己；病情不致出现危险；已适应自己行动不便的状况，近期内病情不致恶化。

3）病残旅客多占座位时，应按实际占用座位数购票。但在飞行途中，临时因病需多占座位，如果有空余座位可以提供，不需要补票。

（4）数量限制

由于病残旅客需要特殊的服务和照顾，所以每一个航班对运输此类旅客的数量有所限制，以免影响对其他旅客的服务：

1）盲人旅客限两名。

2）担架旅客限一名。

病残旅客限制数量原则上不能叠加，同时出现两类或两类以上病残旅客时，以限制

数量最少的数量为准。例如，航班上接收了担架旅客，则不能再接收轮椅旅客或盲人旅客等其他病残旅客。

5. 老年旅客

老年旅客是指年龄超过70周岁（含），虽然身体并未患病，但在飞行中明显需要他人帮助的旅客。老年旅客乘机必须出具健康证明书，并在始发机场及目的机场有人接送。

说明：各航空公司对老年旅客的年龄限制不尽相同。

6. 醉酒旅客

因酒精、麻醉品或毒品侵害处于醉酒状态而给其他旅客带来不愉快或造成不良影响的旅客，属于醉酒旅客。

航空公司有权根据旅客的外形、言谈、举止自行判断旅客是否醉酒，有权拒绝其乘机。在飞行途中，如果发现旅客醉酒，机长有权令其在下一个经停点下机。

醉酒旅客被拒绝乘机退票时，按自愿退票有关规定处理。

7. 犯罪嫌疑人

（1）运输条件

1）公安机关押解犯罪嫌疑人，一般不准乘坐民航飞机。

2）确有特殊情况，须经地、市（含地、市）以上公安机关批准，向当地民航公安机关通报犯罪嫌疑人的情况和准备采取的安全措施，经同意后持地、市以上公安机关购票证明和押解人员身份证办理乘机手续。

3）运输犯罪嫌疑人只限在运输始发地申请办理票务手续。

4）每一航班仅接受一名犯罪嫌疑人运输申请，押解警力人数应为犯罪嫌疑人的2～3倍。

（2）运输注意事项

1）航空公司要对押解工作积极配合，航班机组人员要落实机上安全措施。

2）押解人员乘机时不得携带武器。

3）对犯罪嫌疑人不得提供含酒精的饮料。

4）押解人员和犯罪嫌疑人提前登机，座位安排在客舱尾部，不能靠近或正对任何出口，到达目的地后最后下机。

单元二　航 班 配 载

一、航班配载的概念

飞机载重平衡简称航班配载，是指通过对运输的旅客、行李、货物、邮件的装载量和装载位置进行预配、调整和结算，将飞机的重心和重量控制在安全标准之内。

具体来说，航班配载就是航班各站配载人员根据飞机从本站出发时的可用业务载重量，根据飞机重心及有关技术数据，把旅客、行李、货物、邮件装运到飞机客舱、行李舱、货舱等不同位置，必要时调整水平尾翼的角度，使飞机实际起飞重量的重心、无油重量的重心及落地重量的重心处于许可的范围内，相关重量不超过起飞、降落限制，从而保证飞机安全、高效、经济地抵达目的地。

二、航班配载的作用

1. 确保航班飞行安全

航班配载通过最大可用业务载重量计算，可以控制实际业务载重量，避免飞机超载起飞，保证飞行安全。

☆ 小案例

2009 年 11 月 28 日，一架津巴布韦货机在上海浦东国际机场起飞时，机尾擦到地面起火燃烧，随后坠毁。经调查，飞机坠毁的主因就是飞机货物配载不合理，飞机起飞时重心超过许可范围，导致起飞失败。

2. 便利飞机操纵，减轻机组压力

现代飞机航程远、燃油量大，在起飞和降落时重量变化很大，重心变化也很大。在飞行中，如果飞机重心严重偏离规定的区域，造成飞机头部或尾部偏重，飞机必然难以保持平衡，机组必须操作发动机和舵面努力恢复飞机平衡，如图 3—3 所示。科学地配载可以削弱燃油带来的负面影响，减轻机组操纵压力。

3. 增加有效载运，提高航班收益

通过航班配载确认最大可用业务载重量后，可以在保证飞行安全的基础上，最大

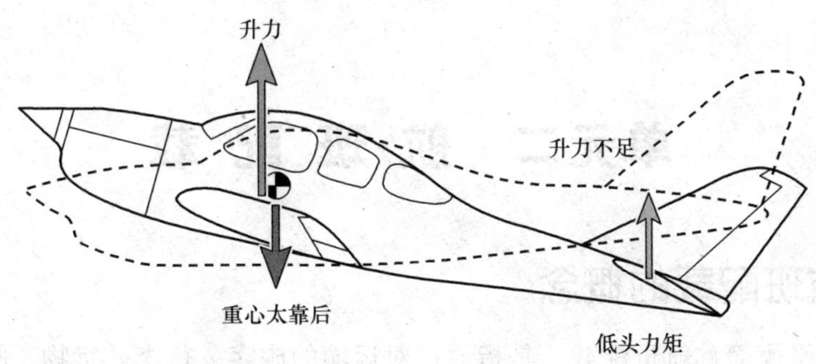

图 3—3　飞机平衡

可能地多装载客货，提高飞机的客座利用率和载运率，降低运营成本，提高航空公司收益。

三、航班配载的计算

1. 飞机基本重量的定义

飞机基本重量也称操作空重或使用空重，是指除业务载重量和燃油以外，已完全做好飞行准备的飞机重量，具体包含以下三种重量：

（1）飞机实际起飞重量（飞机起飞时的全部重量）

飞机实际起飞重量 = 飞机基本重量 + 起飞油量 + 实际业务载重量

（2）飞机实际着陆重量（飞机着陆时的全部重量）

飞机实际着陆重量 = 飞机基本重量 + 备用油量 + 实际业务载重量

（3）飞机实际无油重量（除去起飞油量之外飞机的全部重量）

飞机实际无油重量 = 飞机基本重量 + 实际业务载重量

2. 飞机最大业务载重量限额

飞机最大业务载重量限额是飞机制造企业根据该型飞机的结构强度和各种飞行性能要求所规定的最大业务载重量。在实际运行中，机场跑道如果有特殊要求（如短跑道、高原机场等），可能对最大业务载重量有进一步限制。

在对飞机进行装载时，实际装载量不应超过飞机的最大业务载重量限额。

3. 飞机最大业务载重量的计算

飞机最大业务载重量是指执行航班任务的飞机允许装载的旅客、行李、货物、邮件的最大重量。

由于飞机的起飞重量、着陆重量和无油重量的实际值不应超过各自的最大值，因此，由“实际起飞重量 = 飞机基本重量 + 起飞油量 + 实际业务载重量”可以推出：

飞机基本重量 + 起飞油量 + 实际业务载重量 < 最大起飞重量

最大业务载重量① = 最大起飞重量 − 飞机基本重量 − 起飞油量

由“实际着陆重量 = 飞机基本重量 + 备用油量 + 实际业务载重量”可以推出：

飞机基本重量 + 备用油量 + 实际业务载重量 < 最大着陆重量

最大业务载重量② = 最大着陆重量 − 飞机基本重量 − 备用油量

由“实际无油重量 = 飞机基本重量 + 实际业务载重量”可以推出：

最大业务载重量③ = 最大无油重量 − 飞机基本重量

在航班配载工作中，为了保证飞行安全，飞机实际可用的最大业务载重量应该为上述三个最大业务载重量中的最小者，并且不应超过飞机的最大业务载重量限额（即最大业务载重量④）。即允许的最大业务载重量 =min{ 最大业务载重量①、最大业务载重量②、最大业务载重量③、最大业务载重量限额④ }。

小测试

某飞机执行航班任务，该机型飞机的最大业务载重量限额为 18 269 千克，基本重量为 32 878 千克，增加了两名机组人员（每人按 90 千克计算）；航班起飞油量为 11 280 千克，航段耗油量为 9 100 千克；飞机最大起飞重量为 61 926 千克，最大着陆重量为 51 524 千克，最大无油重量为 48 086 千克。请计算本次航班的最大业务载重量。

解：飞机基本重量 =32 878+90×2 = 33 058（千克）

备用油量 =11 280−9 100 = 2 180（千克）

最大业务载重量① =61 926−33 058−11 280=17 588（千克）

最大业务载重量② =51 524−33 058−2 180=16 286（千克）

最大业务载重量③ =48 086−33 058=15 028（千克）

根据允许的最大业务载重量 =min{17 588、16 286、15 028、18 269}，可知该航班最大业务载重量为 15 028 千克。

四、航班配载的工作流程

1. 当日航班预配

对当日出港航班进行预配，打印总申报单，计算最大可用业务载重量，根据系统查

看出港旅客人数，计算出可配货物重量，通知值机部门旅客可用座位情况。

2. 航班结算

根据值机部门报来的旅客人数、行李件数及重量填制载重表（见图 3—4）和平衡图（见图 3—5），将有关舱单文件发送机组，交由机长签字。

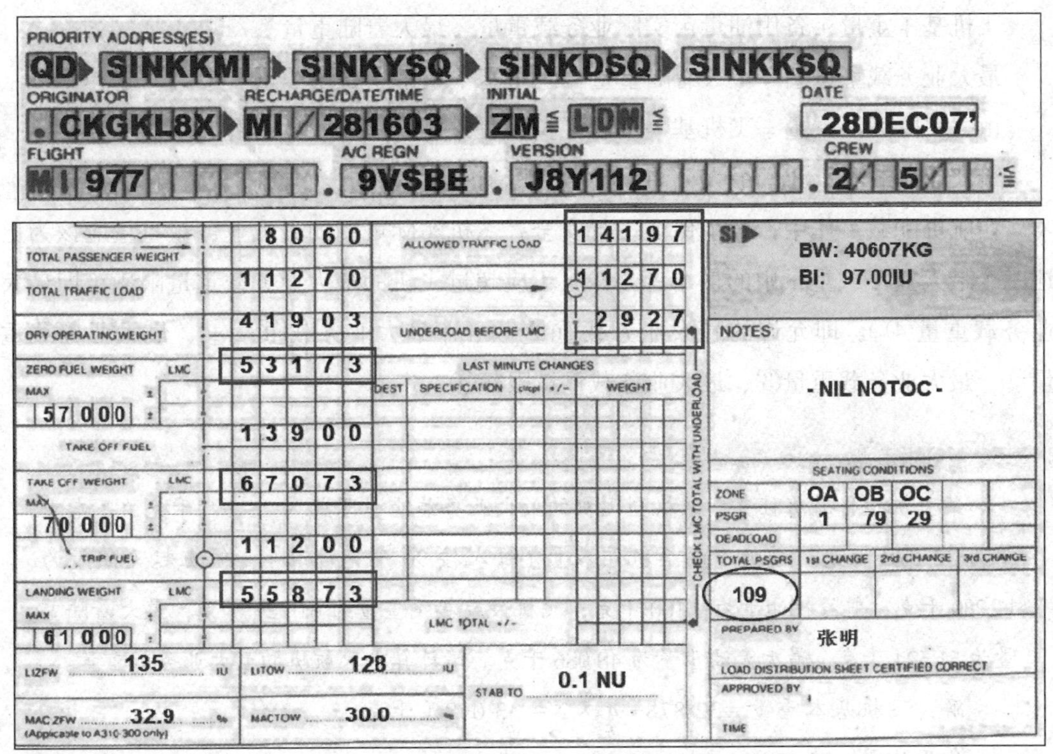
PRIORITY ADDRESS(ES)
QD SINKKMI SINKYSQ SINKDSQ SINKKSQ
ORIGINATOR .CKGKL8X
RECHARGE/DATE/TIME MI / 281603
INITIAL ZM LDM
DATE 28DEC07
FLIGHT MI 977
A/C REGN .9VSBE
VERSION .J8Y112
CREW .2/5/

TOTAL PASSENGER WEIGHT 8060
TOTAL TRAFFIC LOAD 11270
DRY OPERATING WEIGHT 41903
ZERO FUEL WEIGHT LMC 53173
MAX 57000
TAKE OFF FUEL 13900
TAKE OFF WEIGHT LMC 67073
MAX 70000
TRIP FUEL 11200
LANDING WEIGHT LMC 55873
MAX 61000
ALLOWED TRAFFIC LOAD 14197
11270
UNDERLOAD BEFORE LMC 2927
LAST MINUTE CHANGES
DEST SPECIFICATION cl/cpt +/- WEIGHT
LMC TOTAL +/-
CHECK LMC TOTAL WITH UNDERLOAD
SI BW: 40607KG
BI: 97.00IU
NOTES
- NIL NOTOC -
SEATING CONDITIONS
ZONE OA OB OC
PSGR 1 79 29
DEADLOAD
TOTAL PSGRS 109
1st CHANGE 2nd CHANGE 3rd CHANGE
PREPARED BY 张明
LOAD DISTRIBUTION SHEET CERTIFIED CORRECT
APPROVED BY
TIME
LIZFW 135 IU
LITOW 128 IU
STAB TO 0.1 NU
MAC ZFW 32.9 %
(Applicable to A310-300 only)
MACTOW 30.0 %

图 3—4　载重表

3. 拍发电报

飞机起飞后 10 分钟之内拍发业务电报，通知前方有关该航班的配载情况。

4. 文件收发

航班到达后，按时到停机位接收业务文件袋，如果是国际航班，应负责向联检部门分发随机业务文件，如旅客名单、货邮舱单等。

5. 电报处理

对当日接收到的电报进行处理，包括要客电报、轮椅电报、无成人陪伴儿童电报等。将电报进行登记，并通知有关部门。

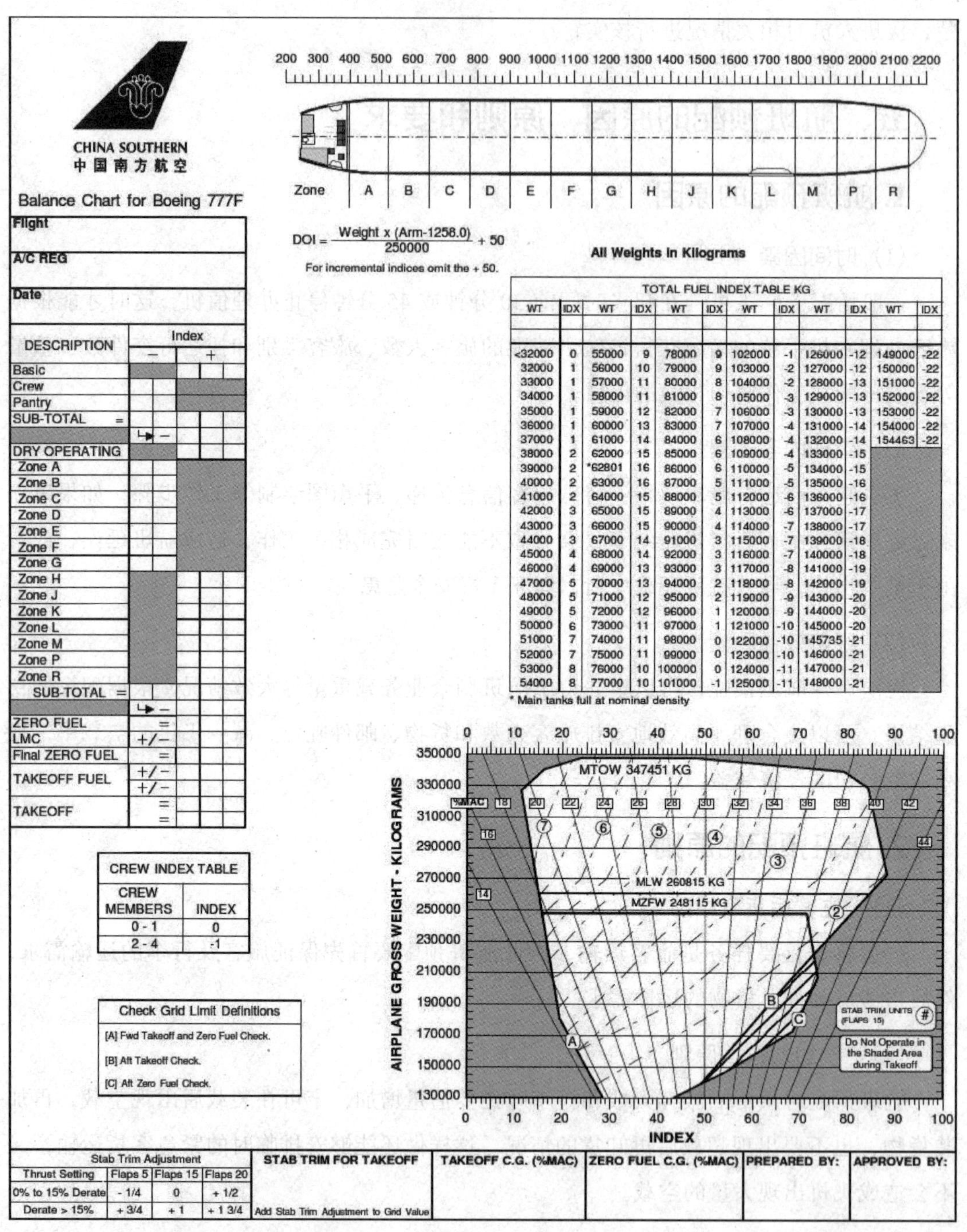

CHINA SOUTHERN
中国南方航空

Balance Chart for Boeing 777F

$$DOI=\frac{\text{Weight x (Arm-1258.0)}}{250000}+50$$

For incremental indices omit the + 50.

All Weights in Kilograms

DESCRIPTION	Index −	Index +
Flight		
A/C REG		
Date		
Basic		
Crew		
Pantry		
SUB-TOTAL =		
DRY OPERATING		
Zone A		
Zone B		
Zone C		
Zone D		
Zone E		
Zone F		
Zone G		
Zone H		
Zone J		
Zone K		
Zone L		
Zone M		
Zone P		
Zone R		
SUB-TOTAL =		
ZERO FUEL =		
LMC +/−		
Final ZERO FUEL =		
TAKEOFF FUEL +/− +/−		
TAKEOFF = =		

TOTAL FUEL INDEX TABLE KG

WT	IDX	WT	IDX	WT	IDX	WT	IDX	WT	IDX	WT	IDX
<32000	0	55000	9	78000	9	102000	-1	126000	-12	149000	-22
32000	1	56000	10	79000	9	103000	-2	127000	-12	150000	-22
33000	1	57000	11	80000	8	104000	-2	128000	-13	151000	-22
34000	1	58000	11	81000	8	105000	-3	129000	-13	152000	-22
35000	1	59000	12	82000	7	106000	-3	130000	-13	153000	-22
36000	1	60000	13	83000	7	107000	-4	131000	-14	154000	-22
37000	1	61000	14	84000	6	108000	-4	132000	-14	154463	-22
38000	2	62000	15	85000	6	109000	-4	133000	-15		
39000	2	*62801	16	86000	6	110000	-5	134000	-15		
40000	2	63000	16	87000	5	111000	-5	135000	-16		
41000	2	64000	15	88000	5	112000	-6	136000	-16		
42000	3	65000	15	89000	4	113000	-6	137000	-17		
43000	3	66000	15	90000	4	114000	-7	138000	-17		
44000	3	67000	14	91000	3	115000	-7	139000	-18		
45000	4	68000	14	92000	3	116000	-7	140000	-18		
46000	4	69000	13	93000	3	117000	-8	141000	-19		
47000	5	70000	13	94000	2	118000	-8	142000	-19		
48000	5	71000	12	95000	2	119000	-9	143000	-20		
49000	5	72000	12	96000	1	120000	-9	144000	-20		
50000	6	73000	11	97000	1	121000	-10	145000	-20		
51000	7	74000	11	98000	0	122000	-10	145735	-21		
52000	7	75000	11	99000	0	123000	-10	146000	-21		
53000	8	76000	10	100000	0	124000	-11	147000	-21		
54000	8	77000	10	101000	-1	125000	-11	148000	-21		

* Main tanks full at nominal density

CREW INDEX TABLE

CREW MEMBERS	INDEX
0 - 1	0
2 - 4	-1

Check Grid Limit Definitions

[A] Fwd Takeoff and Zero Fuel Check.

[B] Aft Takeoff Check.

[C] Aft Zero Fuel Check.

Stab Trim Adjustment				STAB TRIM FOR TAKEOFF	TAKEOFF C.G. (%MAC)	ZERO FUEL C.G. (%MAC)	PREPARED BY:	APPROVED BY:
Thrust Setting	Flaps 5	Flaps 15	Flaps 20					
0% to 15% Derate	- 1/4	0	+ 1/2					
Derate > 15%	+ 3/4	+ 1	+ 1 3/4	Add Stab Trim Adjustment to Grid Value				

图 3—5 平衡图

6. 交接班

航班配载人员应在规定的时间交接班。交班人员将出港航班情况向接班人员交代清

楚，接班人员对相关情况进行核实。

五、航班预配的原因、原则和要求

1. 航班预配的原因

（1）时间因素

一般情况下，飞机会在起飞时间前 30 分钟或 45 分钟停止办理值机，这时才能根据旅客办理乘机手续的情况获得该航班精准的旅客人数、旅客类别和托运行李件数、重量等与航班配载工作密切相关的信息。

（2）工作内容因素

飞机起飞前还有舱单填报、特殊旅客信息传递、平衡图绘制等工作步骤，如果事先未做好航班预配而直接进行结算，会导致不能按时完成相关工作，造成航班延误；或者由于忙中出错，导致航班配载失衡，埋下飞行安全隐患。

（3）经济效益因素

提前做好航班预配，可以事先得出航班剩余业务载重量等大致情况，根据配算的初步结果，可以更合理、高效地安排旅客人数和货物、邮件吨位，减少飞机的空载率，提高航空公司的经济效益。

2. 航班预配的原则

（1）“先客后货”原则

客运航班首要任务是旅客运输，因此航班预配要首先保证旅客及行李的运输需求，然后再考虑邮件、货物的运输需求。

（2）“宁加勿拉”原则

航班预配时预留的旅客人数和行李吨位要适量增加，宁可在装载后出现空载，再加装货物，也不要出现超载后再卸货的情况。这样做还能够安排临时的紧急客货运输，又不会造成飞机出现大量的空载。

3. 航班预配的要求

（1）本站出发时飞机的起飞重心、落地重心和无油重心应在允许的范围内。

（2）在各中途站不上客货（已经预留吨位除外）的情况下，到达该站的业务载重量卸下后，飞机的三个重心仍在允许范围之内。

（3）为行李预留的吨位要适当，不影响本站行李的最后装载。

单元三　值 机 服 务

值机服务是指民航运输企业在候机楼出发大厅内设立柜台，为旅客办理更换登机牌、确定客舱座位、收运旅客托运行李等值机手续的服务。随着网络技术的发展，国内机场逐步向自助值机和网上值机方向发展，旅客值机时间迅速缩短。

一、值机服务流程

国内航班值机服务流程主要有上岗准备、办理乘机手续、清点单据、报告载量、整理信息和结束工作。国际航班值机服务除上述流程外，还包括办理结关手续工作。

1. 上岗准备

值机人员主要工作如下：

（1）按时到岗，核对航班机型、飞机号、到达港等信息。

（2）核对航班计划，了解航班动态。

（3）查看旅客人数，了解是否有重要旅客、团体旅客及特殊旅客。

（4）了解载重平衡对飞机座位安排的要求。

（5）准备好登机牌、行李牌、免除责任行李牌、易碎行李标贴、“小心轻放”及“不能倒置”等警示性标贴、重要旅客行李标识、行李保险单、中转标识、签字笔、对讲机等业务用品。

（6）检查传送带、电子秤、离港系统运行情况。

2. 办理乘机手续

值机人员主要工作如下：

（1）有礼貌地问候旅客，查验旅客身份证等证件及机票等乘机文件。

（2）收运行李：检查行李外包装及体积是否符合运输规定，询问旅客是否有不能托运的物品；核对行李重量；拴挂行李牌和头等舱、公务舱要客行李标识；核算行李是否超重，如果超重，请旅客缴纳逾重行李费，并开出逾重行李票（单据）；根据自愿原则收取旅客行李保险费。

（3）用离港系统接收旅客，注明旅客座位号及托运行李的件数、重量，将证件、登

机牌、行李牌、行李逾重票（单据）及保险单等递交给旅客。

（4）在飞机起飞前至少 30 分钟停止办理乘机手续。

（5）向调度室通报航班重要旅客人数，做好重要旅客服务记录；输入特殊旅客信息，并通知相关服务部门。

3. 清点单据

值机人员主要工作如下：

（1）清点单据及余下的登机牌、行李牌，计算行李总重量。

（2）清点所办旅客人数与所发登机牌数是否一致，核对行李件数与使用的行李牌数是否一致。

4. 报告载量

值机人员填写离港航班业务交接单，最迟在飞机起飞前 20 分钟向配载室报告载量，必须保证所报载量数字准确、内容齐全。

5. 国际航班办理结关手续

（1）在飞机起飞前 30 分钟，卫生检疫人员在机组申报单上盖章，留下一份存档，一份给旅客舱单。

（2）海关人员在机组申报单及国际旅客、行李报关汇总单上盖章，留下一份存档，一份给旅客舱单。

（3）边防检查人员在机组申报单上盖章，留下一份存档，一份给旅客舱单。

6. 整理信息

值机人员主要工作如下：

（1）查找漏乘的旅客，等待旅客前来处理，或将信息告知相关部门。

（2）填写客运票证统计表等相关表格。

（3）与值班人员交接票证，双方签字确认。

7. 结束工作

值机人员主要工作如下：

（1）清理剩余登机牌、行李牌等，销毁不能再使用的登机牌，将空白牌放回原位。

（2）清理值机柜台柜面、地面，保证使用过的值机柜台柜面、地面洁净，无纸屑。

（3）一般在飞机起飞 15 分钟后离岗。

二、值机工作一般规定

1. 值机操作规定

值机人员应按时开放、关闭值机柜台，按规定及时、快速、准确地为旅客办理值机手续。在航班延误时，可以延长值机柜台的开放时间。

对于座位数 200 座以上及 100 ～ 200 座的机型，值机时间分别是航班到港前 120 分钟和 90 分钟；对于座位数 100 座以下的机型，一般在航班到港前 60 分钟开放值机柜台。

关闭值机柜台的时间为航班规定离港时间前 30 分钟，对于复合型枢纽机场，其值机柜台的关闭时间为航班离港前 45 分钟。

2. 旅客身份证件及相关乘机文件规定

旅客身份证件及相关乘机文件应符合合法性、有效性、真实性和正确性四项要求。

（1）合法性

旅客身份证件及相关乘机文件应符合我国民航主管部门的有关规定，并符合承运人（航空公司）的相关要求。例如，对于病残旅客，要求提供相应的医疗证明。

（2）有效性

对于身份证、护照等旅客身份证件和客票等乘机文件，一般要求在有效期内（普通客票有效期为一年）。

（3）真实性

无论旅客身份证件还是乘机文件，都必须是真实原件，不得伪造、涂改。

（4）正确性

旅客乘机文件上的承运信息必须与实际承运信息相一致。

3. 旅客座位安排规定

（1）旅客座位安排要符合该航班型号飞机配载平衡的要求。

（2）头等舱、公务舱座位由前往后集中安排，经济舱旅客一般按配载给定的顺序进行安排。

（3）重要旅客或需要照顾的旅客安排在靠近客舱乘务员的座位，方便客舱乘务员及时为其提供服务。

（4）不同政治态度、不同宗教信仰的旅客尽量分开就座。

（5）团体旅客、同一家庭旅客尽量安排在一起就座。

（6）经停港有重要旅客或需要照顾的旅客时，应在始发港预留座位，以免被其他旅客占用。

（7）携带外交信袋的外交信使及押运员应安排在便于上下飞机的座位。

（8）妥善安排应急出口座位，在旅客人数不多时，应空出应急出口处座位。

知识窗

应急出口座位是指从该座位可以直接到达应急出口，包括从过道到达应急出口的所有座位。在应急出口就座的旅客应具备较灵活的思维和较强的动手能力，最好选择常旅客。残疾人、青少年、照料幼儿的成年人以及老年人等旅客不宜安排在应急出口座位。

在办理应急出口座位乘机手续时，值机人员必须用明确的语言询问旅客是否愿意履行应急出口座位职责，得到旅客的承诺后才可以把旅客安排在应急出口座位。

三、其他值机方式

1. 城市候机楼值机

城市候机楼可以划分为乘机机场所在城市候机楼和异地城市候机楼，它是机场服务及机场候机楼基本功能向机场周边城市的延伸和拓展，其基本功能包括办理值机手续、托运行李、使用专门的接驳车运送旅客前往机场等。此外，城市候机楼还包括各种公共功能和商务功能，它不仅可以发挥城市公共设施的作用，而且可以集散人、物和航空信息、情报，发挥城市交通枢纽的作用。城市候机楼如图 3—6 所示。

2. 机场自助值机

在候机楼出发大厅，旅客借助专门的自助值机机器（CUSS），自行完成身份证件验证、选择座位、打印登机牌等操作，最终获得登机牌、发票等全部乘机信息和登机凭证。整个过程由旅客自行操作，如果操作中遇到问题，旅客可以向周边工作人员寻求帮助。如果需要交运行李，则在专设行李柜台完成行李交运。机场自助值机如图 3—7 所示。

图 3—6　城市候机楼

自助值机机器（CUSS）　　自助值机操作界面

图 3—7　机场自助值机

这种值机方式适用于无托运行李的旅客和熟悉飞行流程的常旅客。

3. 网上值机

网上值机是指旅客自行登录航空公司网上自助值机界面，操作完成身份证件验证、选择确定座位并打印纸质登机牌的值机方式。如需交运行李，旅客登机前在机场专设行李柜台完成行李交运。网上值机流程如图 3—8 至图 3—14 所示。

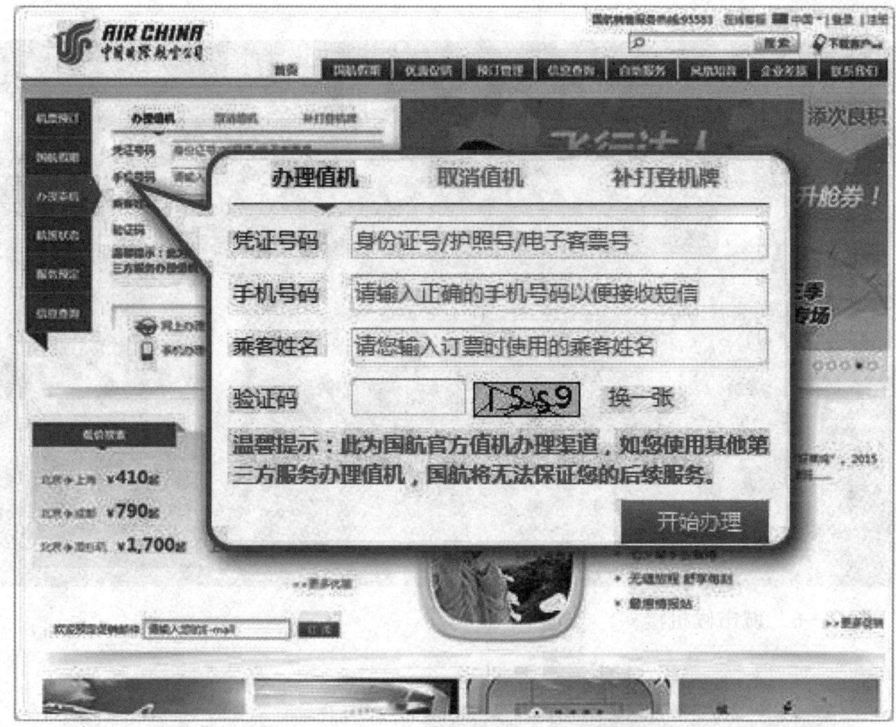

图 3—8 网上值机第一步

图 3—9 网上值机第二步

图 3—10　网上值机第三步

首页 > 自助服务 > 办理乘机 > 网上办理乘机 >**网上办理乘机流程**

第一步 >> 第二步 >> 第三步 >> **第四步** >> 第五步 >> 第六步 >> 第七步

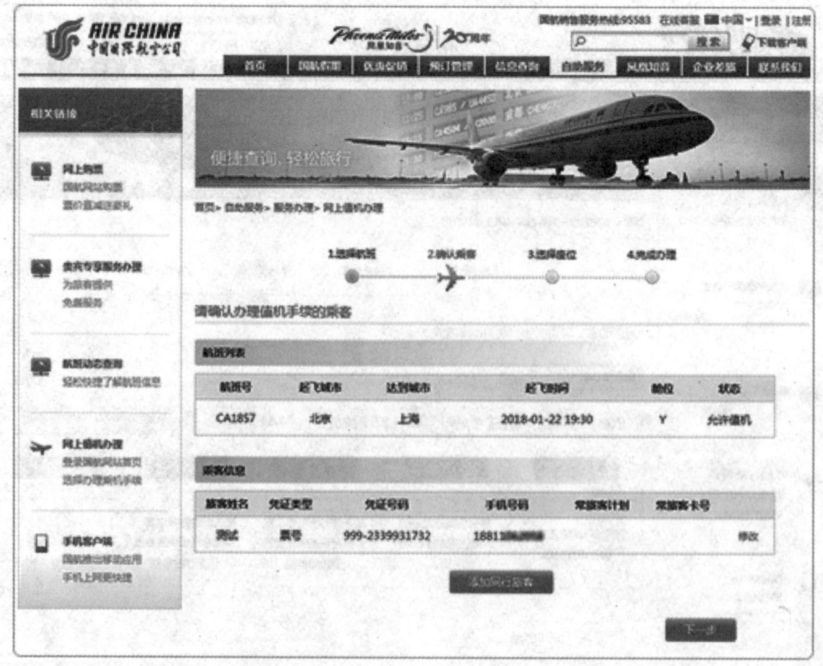

图 3—11　网上值机第四步

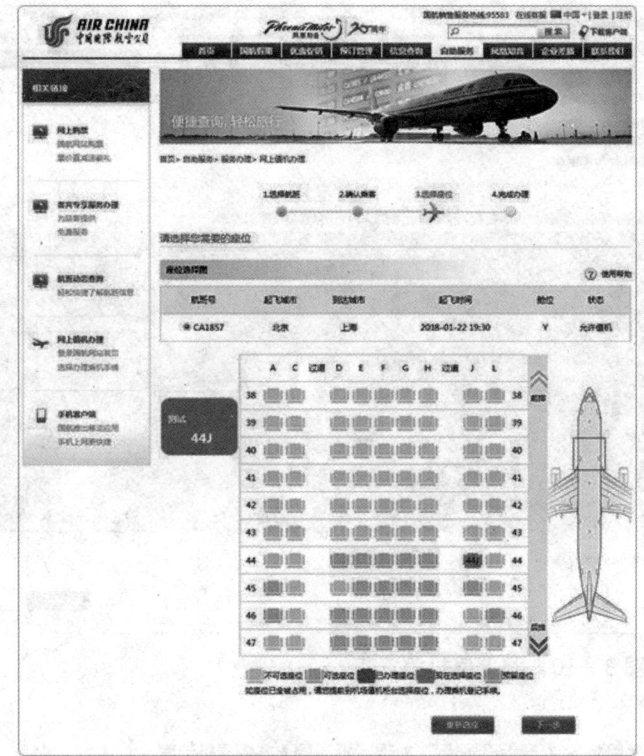

图 3—12　网上值机第五步

图 3—13　网上值机第六步

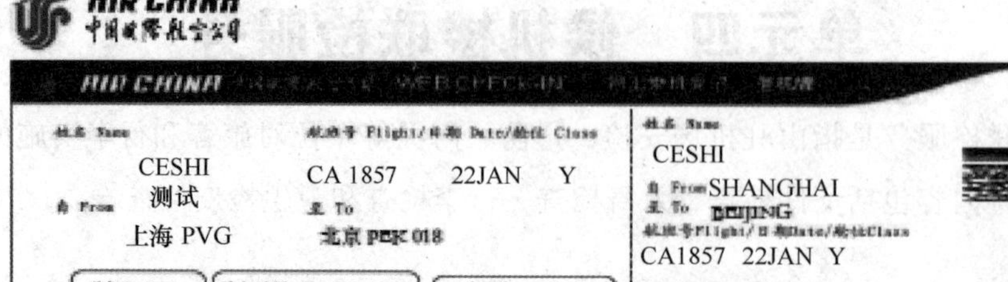

航班旅客信息

姓名 Name	测试CESHI		电子客票号 ET No	9992339931732	
航班号 Flight	CA1857	日期Dave	22JAN	登机时间 Boarding Time	19:00:00
自 From	SHANGHAI 上海	至To	BEIJING北京	登机号 Boarding No	018
座位号 Seat No	44J	常客号FQT		舱位 Class	Y

温馨提示(请您保存携带完整A4纸登机牌乘机，破损、污染可能会无法正常扫描条码，致使您的行程延误。)

- 为方便旅客，国航官网开始办理值机时限为航班起飞前2日晚20点，鉴于距航班起飞时间较长，登机口尚不确认，所乘航班也可能发生变动，请您抵达机场后，通过机场航班动态展示牌，再次确认登机口信息，如出现临时更换机型等情况，我们将为您重新安排座位，如与您值机时选择的座位不一致，敬请谅解。
- 为保证您的出行，请不晚于航班起飞前2小时，携带购票证件抵达机场，办理托运行李等手续。
- 请旅客自行确认身份证件的有效性。
- 网站渠道自助值机的截止取消时限为航班起飞前2小时，如需取消，请在时限前完成操作。

爆炸品 烟花　腐蚀性物质 电池　毒性物质 杀虫剂　气体-压缩气体 钢瓶罐装气体　易燃物质 汽油 油漆

您下一步需要：请留有充足的时间到达机场，托运行李（若有），并通过安检，在登机口等待登机

1. 托运行李　如需托运行李，请在规定的时间前到达机场指定柜台办理。
2. 安检　请持网上打印的登机牌及有效身份证件通过安检。
3. 登机　尽早到达航班指定登机口候机。
4. 起飞　感谢您乘坐国航航班，祝您旅途愉快！

图 3—14　网上值机第七步

网上值机因具备以下优势，成为旅客目前普遍选择的值机方式：

（1）旅客在到达机场之前可自行上网办理值机，方便快捷。

（2）办理网上值机后，旅客到达机场后只需交运行李，减少了值机等候时间。

单元四　候机楼联检服务

候机楼联检服务是指由驻机场安检、边防、海关等单位对旅客和行李实施的各项检查，具体检查内容包括证件检查、人身检查、行李检查和卫生检疫检查。

一、旅客安检

旅客安检是指机场安检部门对旅客证件、人身和行李进行安全检查，是为了保证旅客安全和飞行安全所采取的一项必要措施。

1. 安检工作通用规定

（1）公共航空运输企业、民用运输机场管理机构应当在售票、值机环节和机场安检工作现场待检区域，采用多媒体、实物展示等多种方式，告知旅客民航安检工作的有关要求、通告。

（2）民航安检机构应当按照中国民用航空局要求，实施民航安全检查安全信用制度。对有民航安检违规记录的人员和单位进行安全检查时，应采取从严检查措施。

（3）民航安检机构应当在民航安检工作现场设置“禁止拍照、摄像”等警示标识。

2. 旅客安检一般规定

旅客安检包括证件检查、人身检查、随身行李检查、托运行李检查等内容，如图 3—15 所示。检查方式包括设备检查、手工检查及中国民用航空局规定的其他安全检查方式。

人身检查

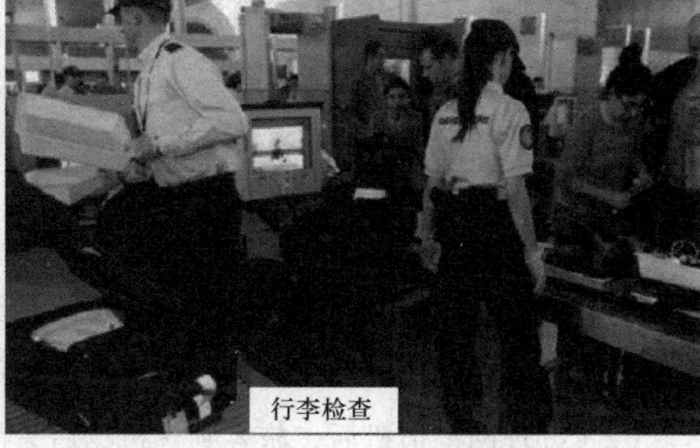
行李检查

图 3—15　旅客安检

（1）证件检查

安检人员对旅客有效身份证件、有效乘机凭证进行检查，检查无误后加注验讫标识，并对旅客拍照存档。

（2）人身检查

旅客依次通过人身检查设备接受人身检查。对通过人身检查设备时设备报警的旅客，安检人员应当对其采取重复通过人身检查设备或手工人身检查的方法进行复查，排除疑点后方可放行。对通过人身检查设备时设备不报警的旅客，安检人员可以随机抽查。

旅客在接受人身检查前，应当将随身携带的可能影响检查效果的物品（包括金属物品、电子设备、外套等）取下，单独通过安检设备检测。对女性旅客的手工人身检查，应当由女性安检人员实施。

残疾旅客应当接受与其他旅客同样标准的安全检查。残疾旅客的助残设备、服务犬等也应当接受安全检查。服务犬接受安全检查前，残疾旅客应当为其佩戴防咬人、防吠叫装置。

对要求在非公开场所进行安全检查的旅客，如携带贵重物品、植入心脏起搏器的旅客等，民航安检机构可以对其实施非公开安全检查，一般由两名以上与旅客同性别的安检人员实施。

对有下列情形的旅客，民航安检机构应当实施从严检查措施，由两名以上与旅客同性别的安检人员在特别检查室实施：

1）经过人身检查复查后仍有疑点的。

2）试图逃避安全检查的。

3）旅客有其他可疑情形，正常检查无法排除疑点的。

（3）行李安检

旅客的随身行李、托运行李应当经过行李安检设备检查。发现可疑物品时，安检人员应当实施开箱（包）检查等措施，排除疑点后方可放行。实施开箱（包）检查时，旅客应当在场并确认箱（包）归属。

（4）其他规定

对来自境外，在境内民用运输机场经停或中转的旅客及其行李物品，民航安检机构应当对其实施安全检查，但与中国签订互认航空安保标准条款的除外。

3. 旅客安检特殊情况处置

（1）旅客有下列情形之一的，民航安检机构应当报告公安机关：

1）随身携带或者托运国家法律规定的危险品、违禁品、管制物品的。

2）伪造、变造、冒用危险品航空运输条件鉴定报告或者使用伪造、变造的危险品航空运输条件鉴定报告的。

3）对民航安检工作现场及民航安检工作进行拍照、摄像，经民航安检机构警示拒不改正的。

4）逃避安全检查、殴打辱骂安检人员、妨碍民航安检工作、扰乱民航安检工作现场秩序的。

5）其他危害民用航空安全或者违反治安管理行为的。

（2）旅客有下列情形之一的，民航安检机构应当采取紧急处置措施，并立即报告公安机关：

1）随身携带爆炸物品、爆炸装置或者其他重大危险源的。

2）冲闯、堵塞安检通道的。

3）在安检现场向机场控制区内传递物品的。

4）破坏、损毁、占用民航安检设备设施、场地的。

5）其他威胁民用航空安全的行为，需要采取紧急处置措施的。

（3）有下列情形之一的，民航安检机构应当报告有关部门处理：

1）发现涉嫌走私人员或者物品的。

2）发现不属于公安机关管理的危险品、违禁品、管制物品的。

4. 自助安检

旅客携带身份证件、登机牌和随身行李，自行通过自助安检设备进入候机厅，称为自助安检，如图 3—16 所示。自助安检设备自动检查旅客的身份信息和票务信息，10 秒内即可完成安检，相比人工查验能够节省大量的时间。

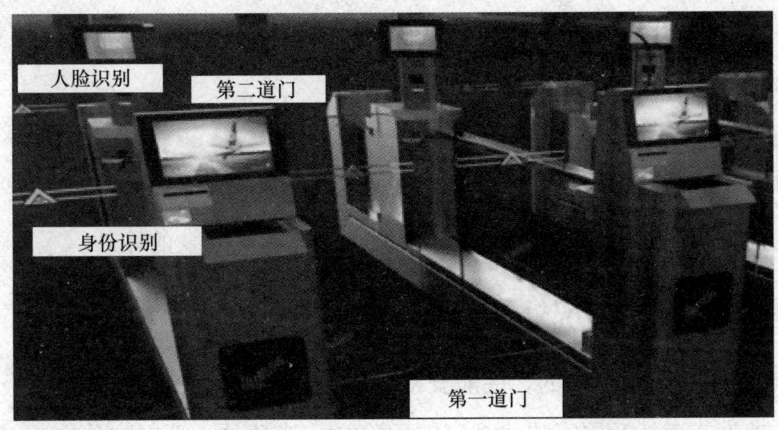

图 3—16　自助安检

二、边防检查

边防检查担负着维护国家主权、安全和社会秩序，管理人员和交通运输工具出入境的重要职责。机场边检是国际航班旅客必须经过的检查程序，经过边检后就被许可进入或离开他国，因此边检又被称为通关。

1. 边检职责

（1）对出入境人员及其携带的行李物品实施边防检查。

（2）按照国家有关规定对出入境的交通运输工具进行监护。

（3）对口岸的限定区域进行警戒，维护出入境秩序。

（4）执行主管机关赋予的和其他法律、行政法规规定的任务。

2. 边检流程

国际航班旅客到达机场边检站时，将自己的护照、入境申请表等一并交给边防检查人员，由边防检查人员进行逐项检查。边防检查人员对持照人的证件进行核查（包括护照、签证是否真实有效）后在护照上加盖验讫章（章内包括出境口岸的名称、编号、“出入境边防检查”字样和日期等内容），将护照当面交给持照人，同时对旅客照相留存。中国边检柜台及边检章如图 3—17 所示。

3. 自助通关

自助通关这种新兴通关方式，以其快捷方便等优势，深受旅客欢迎。

图 3—17　中国边检柜台及边检章

（1）出境自助通关

1）将登机牌放置在指定区域进行扫描。扫描成功后有“嘀”声提示，电子屏显示扫描成功，取回登机牌，进入下一步操作，如图 3—18 所示。

图 3—18　扫描登机牌

2）将出入境证件放置在证件阅读区域，采集入境证件信息。证件与登机牌上信息比对一致，屏幕显示“请取回证件”，通道第一道门自动开启，进入下一步操作，如图 3—19 所示。

图 3—19　采集入境证件信息

3）在第二道门前，将申领电子护照时或在边检执勤现场进行证件信息备案时采集指纹的手指（通常为大拇指）置于指纹采集仪上，采集比对生物信息，同时面向摄像头进行头像比对，如图 3—20 所示。

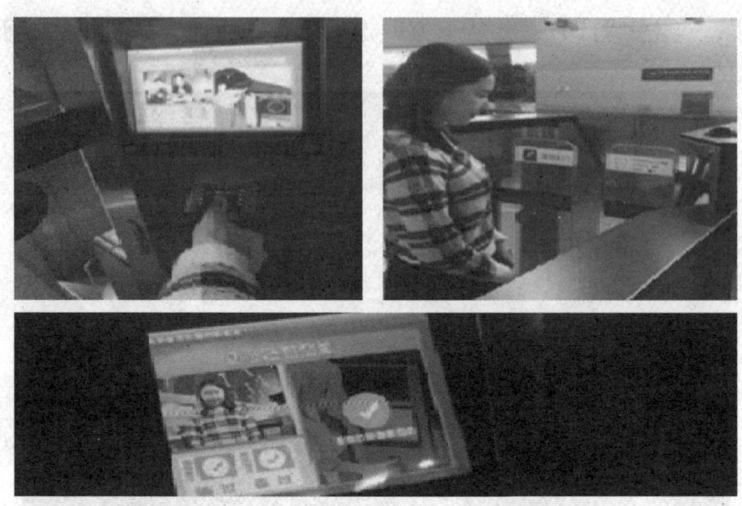

图 3—20　指纹与头像比对

比对成功后第二道门开放，完成通关。

(2) 入境自助通关

入境自助通关与出境自助通关流程相同，按自助机器提示操作即可。

(3) 出入境记录凭证打印

旅客在通关后，借助旅客自助打印设备，可以自行打印出入境记录凭证，供旅客办理退税、报销、公证及向使领馆核销签证等事务。

出入境凭证自助打印步骤如下：

1）第一步，将证件轻放于证件阅读机的读取区域，在成功读取证件信息后，进行下一步操作，如图 3—21 所示。

图 3—21　读取证件

2）第二步，点击“打印”，并从下方取走纸质打印凭证，如图 3—22 所示。

图 3—22　打印凭证

自助打印的出入境记录凭证正反面包含旅客姓名、证件号码、出入境类型、日期、口岸等项目，部分证件的打印内容包含签注剩余次数，如图 3—23 所示。

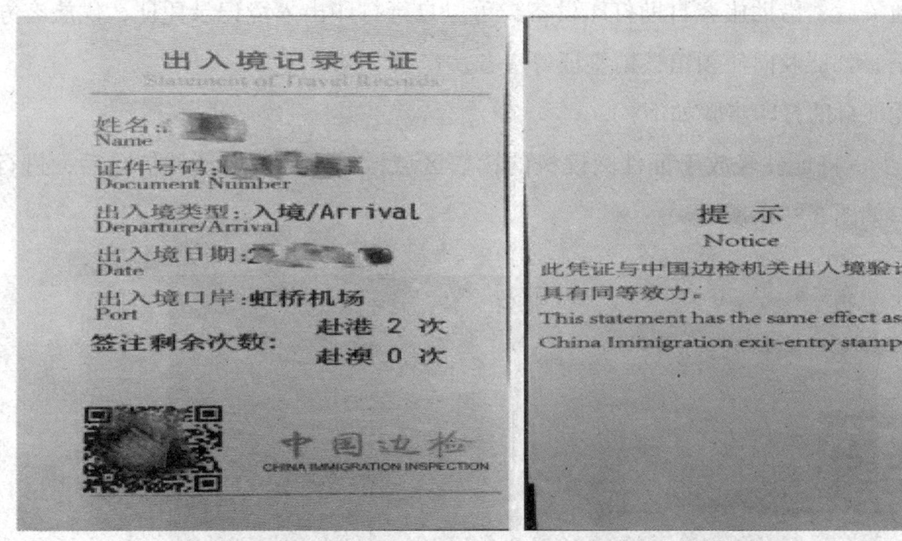

图 3—23　自助打印凭证示例

三、海关检查

海关是依据本国（或地区）的法律法规，对出入境的一切商品和物品进行监督、

检查并照章征收关税的国家机关。机场海关（见图 3—24）对机场区域内进出口货物、运输工具、进出境人员和行李物品及其他海关业务进行实际监管。在旅客拿到行李后，机场海关通常采用抽检方式检查旅客行李，确认有无必须交税的项目。

图 3—24　机场海关

1. 绿色通道

绿色通道也称无申报通道或免验通道，是指旅客携带无须向海关申报的物品或只出示申报单或有关单证后即可放行的通道。

进境旅客有下列情形之一的，可以选择绿色通道，但须向海关出示本人身份证件：

（1）持有中国主管部门给予外交礼遇签证护照的外籍人员。

（2）海关给予免验礼遇的人员。

（3）没有携带应向海关申报物品的人员。

2. 红色通道

红色通道也称申报通道，是指须经过海关履行检查和检验手续后，方可放行的通道。选择红色通道的旅客，须向海关出示本人身份证件和进出境旅客行李物品申报单。

（1）进境旅客有下列情形之一的，须选择红色通道通关：

1）携带海关规定限量管理及应征税物品的。

2）携带进口物品的。

3）携带自用物品超出海关规定范围的。

4）携带货样、展品、专业用品以及其他需办理进境验放手续的物品的。

5）另有分离运输行李、境内提货券及拟在境内购买外汇商品的。

6）对海关规定不明确或不知如何选择通道的。

（2）出境旅客有下列情形之一的，须选择红色通道通关：

1）携带文物、货物、货样以及其他需办理出境验放手续的物品的。

2）未将应携带出境物品原物带出的。

3）携带外币、金银及其制品，但未取得有关出境许可或携带外币、金银及其制品数额超出原进境申报数额的。

4）携带出境物品超出海关规定的限量、限值或其他限制规定的。

5）携需携带出境的物品的。

6）对海关规定不明确或不知如何选择通道的。

3. 检验检疫

机场检验检疫是指对出入境的货物、人员、交通工具、集装箱、行李邮包等进行包括卫生检疫、动植物检疫、商品检验等的检查，以保障人员、动植物的安全卫生和商品的质量。

☆小案例

某日，一架从香港飞来的航班落地杭州当地机场，机场检疫犬皮皮已经等候在行李传送带边上。看到有行李出来，皮皮凑近行李箱，用鼻子开始搜检。突然，它拍打起一个行李箱。检疫员心领神会，将这件行李箱拿下了传送带。

行李箱的主人立马走了过来，说道："里面是烧熟的牛肉。"边上的翻译跟检疫员解释："他是印尼人，喜欢吃家乡的牛肉，所以带了些过来。""无论是生的还是熟的，根据规定都是不能带进来的。"检疫员解释。

检疫员检查登记后，按照入境相关规定，对该物品做出了截留销毁的决定。

单元五　引 导 服 务

根据航班运行状态，引导服务可以划分为登机服务、接机服务、经停服务和中转服务。

一、登机服务

1. 机场登机服务

机场登机服务的主要内容包括：引导旅客通过廊桥进入飞机客舱；当飞机停机位距

离候机厅较远时，组织摆渡车辆，引导、陪同、运送旅客登机；与客舱乘务组完成人数核对和交接；使用 VIP 车辆单独运送头等舱、公务舱客人登机；协助病残旅客登机，如推送轮椅旅客、通过专用车辆运送担架旅客、陪送无成人陪伴儿童旅客等，如图 3—25 所示。

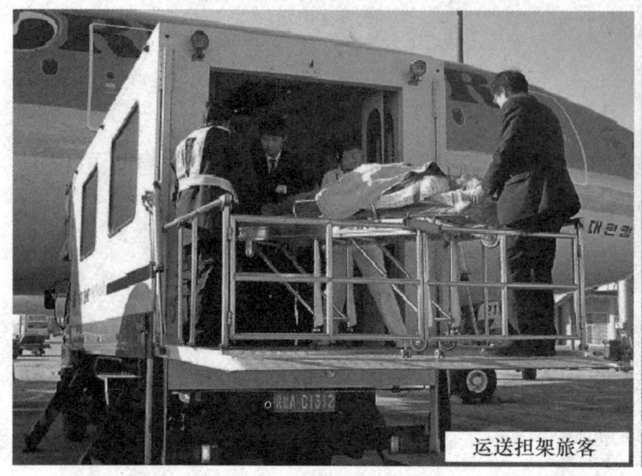

图 3—25　机场登机服务

2. 自助登机服务

对于持带有二维码登机牌的旅客，引导其在自助登机设备上扫描登机牌，绿灯亮起、闸门打开后即可登机，如图 3—26 所示。

图 3—26　自助登机服务

二、接机服务

接机服务的主要内容包括：

1. 引导或使用VIP车辆优先运送头等舱、公务舱旅客离机，按到达流程离开机场。

2. 引导或使用摆渡车运送经济舱旅客离机，按到达流程离开机场。

3. 协助残疾旅客离机，如推送轮椅旅客、通过专用车辆运送担架旅客、陪送无成人陪伴儿童旅客并交给指定接收人等。

三、经停服务

经停服务的主要内容包括：引导或使用车辆运送经停旅客到达候机厅休息。可以登机时，再按送机服务流程优先引导经停旅客再次登机，继续后续航程。

四、中转服务

中转服务的主要内容包括：引导或使用车辆运送中转旅客到达中转柜台，办理中转手续，按出港流程再次登机，继续后续航程。

思考与练习

1. 简述旅客运输的进港、离港流程。
2. 简述航班配载的定义和作用。
3. 简述值机的服务流程。
4. 简述候机楼联检的种类。
5. 航班引导服务包括哪些？

模块四
民航旅客运输不正常业务处理

学习目标

☞ 了解不正常乘机业务分类和处理方法

☞ 掌握航班不正常分类和工作流程

☞ 了解航班延误的责任与赔偿

☞ 了解旅客人身伤害的责任与赔偿

案例导入

2016年11月27日，某航班从上海飞往武汉，而摆渡车却把一车旅客送到了去厦门的飞机上。一名旅客座位号是41C，靠安全通道，上飞机后找到41C座椅，发现不靠安全通道，才发现上错了飞机。在检票口和登机口有两重检查，为什么没有工作人员发现旅客上错飞机呢？后经调查发现，是登机口工作人员给摆渡车司机的任务单写错了，写的是执飞厦门航班的飞机位置和飞机号码。

点评：

在机场运输高峰时刻，工作人员和旅客都应该提高警惕，谨防运输错误的发生。一旦发生错误，将会给机场及旅客造成不必要的延误，增加很多额外工作。

单元一　不正常乘机业务处理

一、旅客不正常乘机处理

1. 误机

误机是指旅客未按照客票上列明的日期、时间到达机场搭乘航班，或者旅客在航班起飞前规定时间内（30分钟或45分钟）未能办妥乘机手续，或旅客因旅行证件不符合规定未能按期乘机旅行。

处理方法：退票并收取一定的误机费；改签后续航班，不收取误机费。

2. 漏乘

漏乘是指旅客已办妥乘机手续，但由于某种原因未能搭乘指定的航班。

处理方法：因旅客原因漏乘，退票并收取一定的费用，或改签后续航班，并收取一定费用；因承运人原因造成旅客漏乘，安排旅客乘坐后续航班尽早到达，如旅客要求退

票，按非自愿退票处理，不收取退票费。

3. 错乘

错乘是指旅客乘坐了不是客票上列明的航班。

处理方法：安排旅客搭乘最早航班飞往客票上列明的原目的地，票款不补不退。如旅客要求退票，按非自愿退票处理，不收取退票费。

4. 旅行中断

旅行中断是指已办理登机手续的旅客在登机过程中因自身原因终止登机。

处理方法：

（1）如果旅客客票全部未使用，退还全部已付票款；客票已部分使用，从已付票款中扣除已使用航段票款，其余票款与从旅行中断地点至目的地点或者下一个中途分程地点并扣除适用折扣和费用的单程票价相比较，取其高者退还旅客，但所退票款不得超过已付票款的总额。

（2）取出旅客已经托运的行李。

（3）可能的话，安排候补旅客乘机。

（4）重新进行航班配载并通知机组。

二、客票超售处理

航班对外销售或预订的座位数超过了航班实际座位数，称为超售。航空公司超售的原因主要是为了避免座位虚耗。

处理方法：

1. 征询是否有自愿搭乘晚一些航班或者自愿取消行程的旅客。

2. 在没有自愿者的情况下，优先登机原则如下：

（1）执行国家紧急公务的旅客。

（2）经同意并事先做出安排的有特殊服务需求的老、弱、病、残、孕旅客以及无成人陪伴儿童旅客。

（3）头等舱和公务舱旅客。

（4）持有航空公司会员卡的旅客。

（5）已经订妥联程航班座位且转机衔接时间较短的旅客。

（6）证明有特殊困难急于成行的旅客（如签证即将到期等）。

3. 为未能成行的旅客提供后续服务保障。

（1）优先安排最早可利用的航班保障旅客尽快成行。

（2）按非自愿退票处理，不收取退票费。

（3）按非自愿变更航程处理，票款多退少不补。

（4）如安排的后续航班为次日航班，免费为旅客提供膳宿。

（5）除为旅客提供上述服务保障外，还可根据旅客所持客票价格水平、航线距离以及改签后续航班等待时间等，给予旅客一定形式的补偿。

三、候补旅客处理

候补旅客是指当日航班没有订座或订座被取消的旅客。

处理方法：出现可用座位后，先接收当日航班订座被取消的旅客，再接收当日航班没有订座的旅客。

单元二　不正常航班业务处理

航班运行发生延误、取消、中断、返航等情况，称为不正常航班。不正常航班既给旅客带来不便和损失，也给航空公司造成经济效益和社会效益的损失。

在航班发生不正常情况时，现场工作人员应按对应工作流程和服务标准，尽力挽回和弥补这些损失，以维护航空公司和旅客的利益。

一、航班延误

1. 航班延误的工作流程

（1）工作人员接到航班延误的信息，应将该信息以通告形式张贴在值机柜台上，并广播通知，让旅客了解情况，同时仍按航班正常起飞时间为旅客办理乘机手续。

（2）按旅客要求为旅客办理航班改签或退票手续，必要时为旅客出具航班延误证明。

（3）为已办理乘机手续后要求改签或退票的旅客取出已托运的行李。

（4）及时了解航班起飞信息，并通知旅客。

（5）如为其他航空公司代理的航班发生延误，应及时与该航空公司驻机场代表取得联系，咨询航班信息。根据被代理公司的意见，安排旅客转签航班或做其他处置。延误

航班起飞时间确定后，应再次核对旅客人数和托运行李件数及重量，并报配载平衡室和生产调度室。

2. 航班延误的服务工作

（1）工作人员在接到航班延误的通知后，应了解航班延误原因、航班号、预计起飞时间、补班情况、不正常航班上的旅客人数等信息。

（2）及时广播通知并引导旅客前往指定地点休息，耐心做好解释工作。每隔半小时广播一次最新航班动态信息。

（3）航班延误超过 2 小时后，向旅客提供饮料；航班延误时值用餐时间，应安排旅客用餐。

（4）航班延误时间超过 4 小时后，应安排专车送旅客前往指定的宾馆休息。

（5）旅客因航班延误而在宾馆休息至第二天，当日值班人员应陪同旅客在宾馆住宿，与翌日值班人员交接延误航班号、旅客人数等情况。

（6）待延误航班的准确起飞时间确定后，应派专车将旅客接入机场，安排旅客登机并做好交接工作。

二、航班取消

1. 航班取消的工作流程

（1）工作人员如在航班正常关闭时间以前接到航班取消的信息，应将该信息以通告形式张贴在值机柜台上，并以广播通知，同时向旅客手机发送相关信息，让旅客了解情况。

（2）工作人员如在航班开始办理乘机手续以前接到航班取消的信息且补班时间基本确定，可根据旅客要求和具体情况，为旅客办理行李托运手续，减轻旅客过夜时的负担，但可以不发登机牌。

（3）按旅客要求为旅客办理航班改签手续或退票手续，必要时为旅客出具航班取消证明。

（4）为已办理乘机手续后要求改签或退票的旅客取出已托运的行李。

（5）如为其他航空公司代理的航班取消，应及时与该航空公司的驻机场代表取得联系，征询航班信息，并根据被代理航空公司的意见，安排旅客转签、合并航班或做其他处置。

（6）通知服务人员根据情况提供必要的服务。

2. 航班取消的服务工作

（1）工作人员接到生产调度室关于航班取消的通知后，应了解航班取消后合并航班或补班航班的预计起飞时间及具体安排。

（2）广播通知航班取消的信息，并向旅客做好解释说明工作。

（3）向旅客发放致歉卡，根据旅客要求为旅客提供服务。

（4）如航班因承运人（航空公司）原因而取消，工作人员应安排专车送旅客前往指定的宾馆休息。如果航班因非承运人（航空公司）原因而取消，工作人员应协助旅客安排食宿，尽可能为旅客提供方便。食宿费用由旅客自理。

（5）旅客因航班取消而在宾馆休息至第二天，当日值班人员应陪同旅客在宾馆住宿并与翌日值班人员交接旅客人数等情况。

（6）待取消航班的准确起飞时间确定后，应派专车将旅客接入机场，另派专人在候机楼门口迎接并引导旅客到柜台重新办理乘机手续，安排旅客登机并做好交接工作。

三、航班补班

当天航班延误或取消后隔天重新飞行，称为航班补班。

1. 航班补班的工作流程

（1）工作人员应事先了解航班机型、航班号、前一天所办理的旅客人数等情况，如果航班改换机型，应再次确定航班配载要求。

（2）如果取消航班已办理乘机手续，工作人员应为旅客重新换登机牌，如果已托运的行李有取出过夜或增加的情况，则应重新办理行李托运手续。

（3）如果取消航班未办理值机手续但已有部分旅客的行李已办理托运，工作人员应在与载重平衡室交接时，将这部分行李件数和重量加上，并通知行李搬运人员将在仓库过夜的行李与当场交运的行李一起装机。

2. 航班补班的服务工作

工作人员在准备登机牌时，应将补班航班的登机牌与取消航班的登机牌加以区别，以免未重新办理乘机手续的旅客与其他旅客座位重复或混淆旅客人数。还应注意，如果当日有相同航班号的正常航班且与补班航班飞行时间较接近时，应设法在登机牌和行李牌上进行区分。

四、航班中断

航班中断是指航班在经停站取消或在非经停站或目的站备降。

1. 航班中断的工作流程

（1）工作人员应及时向生产调度室了解航班备降的原因、备降航班号、旅客人数和预计起飞时间等信息。

（2）组织旅客下飞机，广播通知并引导其前往指定地点休息，并耐心做好解释工作。

2. 航班中断的服务工作

（1）每隔半小时广播一次最新航班动态信息。

（2）航班备降超过 2 小时后，应向旅客提供饮料；航班备降如果正值用餐时间，应安排旅客就餐。

（3）航班备降超过 4 小时后，应安排专车送旅客前往指定宾馆休息。如果旅客因航班备降而在宾馆休息至第二天，当日值班人员应陪同旅客在宾馆住宿并与翌日值班人员交接旅客人数等情况。

五、航班返航

飞机起飞后由于机械故障、航路控制、目的地天气情况等原因不能继续飞行而返回始发站的情况，称为返航。

1. 航班返航的工作流程

（1）在飞机返航后，工作人员应及时向生产调度室了解航班返航的原因、返航航班号、旅客人数和预计起飞时间等信息。

（2）组织旅客下飞机。

（3）广播通知并引导旅客前往指定地点休息，并耐心做好解释工作。

2. 航班返航的服务工作

（1）每隔半小时广播一次最新航班动态信息。

（2）航班返航且等待起飞时间超过 2 小时后，应向旅客提供饮料；航班返航如果正值用餐时间，应安排旅客就餐。

（3）航班返航日等待时间超过 4 小时后，应安排专车送旅客前往指定宾馆休息。如

旅客因航班不能起飞而在宾馆休息至第二天，当日值班人员应陪同旅客在宾馆住宿并与翌日值班人员交接旅客人数等情况。

单元三　航班延误责任与赔偿

根据中国民用航空局公布的数据显示，2018 年我国民航旅客首次突破 6.1 亿人次，居全球第一位。与此同时，因航班延误等原因而发生的纠纷也越来越多，成为航空公司和民航企业亟待解决的难题。

一、航班延误的原因

导致航班延误的原因主要有以下几个方面。

1. 天气原因

因大雾、雷雨、风暴、风切变、跑道积雪、沙尘暴、道面积冰、低能见度等人力不可抗拒的因素造成航班延误。

2. 空中交通管制原因

近十年来，空中交通流量增速较大，飞行管理难度急剧上升，航路相对拥挤，机场空域繁忙，空中交通管制频繁。同时，机场上空环境出现干扰因素也是造成航班延误的重要原因，如无线电通信、广告气球非法升空、机场周边居民放风筝、焚烧农作物秸秆等都会造成航班延误。

3. 旅客原因

个别旅客晚到、不按时登机、不按要求接受安检、行李超重且不托运等行为，都会导致航班延误。

4. 航空公司自身原因

航空公司因运力调配失误、飞机机械故障等原因，往往也会造成航班延误。

二、航班延误带来的影响

1. 影响民航运输业的社会形象和声誉

目前航班延误已成为旅客投诉的重点，每次严重的航班延误都会引起旅客对航空公

司和民航企业的激烈责问。航班延误多，严重影响了民航运输业的社会形象和声誉。

2. 对飞行安全造成潜在的威胁

（1）航班延误造成空勤人员当日值勤时间延长，导致空勤人员疲劳。

（2）前一航班的延误会造成后续航班的连锁延误，甚至迫使后续航班跨零点飞行，打乱了机组人员的作息时间。

（3）因旅客情绪等因素影响，民航服务人员要承受比平常更大的精神压力，容易导致工作失误。

☆ 小案例

2010 年 7 月 18 日，因航班延误，大量旅客滞留西安咸阳机场，由于长时间得不到妥善安排，旅客纷纷打电话投诉。经调查，该航班晚点近 8 个小时，航空公司未及时与旅客沟通，也没有及时安排旅客入住酒店休息，引起了旅客不满。《中国民用航空旅客、行李国内运输规则》（以下简称《客规》）第六十条规定："航班延误或取消时，承运人应迅速及时将航班延误或取消等信息通知旅客，做好解释工作。"该航班晚点近 8 个小时，航空公司未及时与旅客沟通，不符合《客规》规定。最终，航空公司赔偿每位旅客人民币 200 元，并及时安排其他航班将旅客送达目的地。

3. 给航空公司经营带来困难

处理延误航班会给航空公司带来额外的成本。据统计，航班每延误一分钟，成本就要增加 1 000 多元，每年因延误产生的额外成本平均占航空公司总成本的 2% ~ 3%，这给航空公司经营带来了一定困难。

三、航班延误的责任认定

1. 航空公司原因造成的延误

由航空公司原因导致航班延误时，航空公司应承担责任。现行法律、法规将机务维护、航班调配等航空公司可控制原因引起的航班延误认定为由航空公司原因造成的延误。

在航空公司原因造成延误的情况下，航空公司应当向旅客提供餐食或住宿等服务。《民用航空法》规定旅客、行李或者货物在航空运输中因延误造成的损失，航空公司应当承担违约责任，但没有具体固定数额。根据《中华人民共和国合同法》规定，承担违

约责任的方式有以下几种：

（1）继续履行合同

在发生延误后，如果旅客愿意，航空公司应当继续履行运输义务，优先安排旅客乘坐后续航班或签转其他承运人（航空公司）的航班。

（2）采取补救措施

航班延误或取消时，航空公司应根据旅客的要求，安排后续航班或给旅客退票。

（3）赔偿损失

如果旅客证明自己确实因航班延误遭受了财产损失，航空公司应予以赔偿。

2. 非航空公司原因造成的延误

非航空公司原因造成航班延误时，航空公司不承担责任。这些原因包括天气、突发事件、空中交通管制、安全检查等。

《客规》规定：由于上述原因造成延误时，航空公司应协助旅客安排餐食和住宿，费用可由旅客自理。同时，航空公司仍然负有告知义务和补救义务。

四、航班延误的损失赔偿

航班延误并非一定引发赔偿问题，只有在因航班延误而给旅客造成实际财产损失时，航空公司才承担赔偿责任。《航班延误经济补偿指导意见》具体规定内容如下：

1. 航空公司原因造成航班延误 4 小时以上，航空公司要对旅客进行经济补偿。

2. 补偿方式可以通过现金、购票折扣和返还里程等方式予以兑现。

3. 在航班延误的情况下，为了不再造成新的延误，经济补偿一般不在机场现场进行，航空公司可以采用登记、信函等方式进行。

单元四　旅客人身伤害赔偿

发生旅客人身伤害事故后，由于人身伤害具有无法替代性和不可补偿性，加上旅客家属感情难以控制，每次人身损害赔偿处理都十分困难。《国内航空运输承运人赔偿责任限额规定》（中国民用航空总局令第 164 号）明确：对每名旅客的死亡赔偿责任限额提高到人民币 40 万元。该规定暂时缓解了这一矛盾，但追求安全的航空出行服务，才是解决这一难题的唯一出路。

一、归责原则

依据法律规定，发生旅客人身伤害事故后，首先需要界定责任方。

我国《民用航空法》规定：

1. 发生在民用航空器上或者在旅客上、下民用航空器过程中，造成旅客人身伤亡的，承运人（航空公司）应当承担责任；旅客人身伤亡完全是由于旅客本人健康状况造成的，承运人（航空公司）不承担责任。

2. 旅客以外的其他人就旅客死亡或者受伤提出赔偿请求时，经承运人（航空公司）证明，死亡或者受伤是旅客本人过错造成或者促成的，应当根据造成或者促成此种损失的过错程度，相应免除或者减轻承运人（航空公司）的责任。

二、责任期间界定

旅客自登上飞机至离开飞机，包括飞行等在民用航空器上的全部期间，为承运人（航空公司）的责任期间。

1.“上民用航空器过程”的界定

旅客“上民用航空器过程”是指旅客办理登机手续后至进入民用航空器之前因登机活动而处于承运人（航空公司）照管之下的期间。上民用航空器过程有四个要件：

（1）从时间上看，上民用航空器过程是旅客已经办理登机手续但尚未进入民用航空器的一段时间。

（2）从旅客所从事的活动看，旅客正在进行登机活动。

（3）从旅客与承运人（航空公司）的关系看，旅客正处于承运人（航空公司）的照管之下。

（4）从旅客所处的地点看，旅客正处于登机区域，即从候机地点到民用航空器的地段，一般包括地面运输区域（登机口到停机坪）、停机坪和飞机停机位。

判断旅客是否在“上民用航空器过程”中，应同时考虑上述四个要件。

2.“下民用航空器过程”的界定

旅客“下民用航空器过程”是指旅客走出民用航空器后到达民用机场建筑安全地带前，因下机活动而处于承运人（航空公司）照管之下的期间。下民用航空器过程也具有四大要件：

（1）从时间上看，下民用航空器过程是指旅客从飞机上下来至走进机场建筑安全地带的一段时间。

（2）从旅客所从事的活动看，旅客正在进行下机活动。

（3）从旅客与承运人（航空公司）的关系看，旅客正处于承运人（航空公司）的照管之下。

（4）从旅客所处的地点看，旅客处于下机区域，即从停机位到机场建筑物的地段。一般来讲，下机区域是指地面运输区域、停机坪和飞机停机位。

同样地，判断旅客是否在“下民用航空器过程”中，也必须同时考虑上述四个要件。

思考与练习

1. 假如有旅客误机，应如何处理？

2. 如何处理客票超售情况？

3. 简述航班延误后的工作流程。

4. 简述旅客人身伤害的责任与赔偿。

模块五
民航旅客行李运输与赔偿

学习目标

- ☞ 了解行李运输的流程
- ☞ 掌握禁运、限运行李分类和规定
- ☞ 掌握行李不正常运输的分类与处理
- ☞ 掌握行李损坏后的责任认定

案例导入

2015 年 2 月，刘先生携家人搭乘某航空公司航班由郑州飞往上海。到达后，刘先生发现托运的一个装有贵重物品的纸箱不见了，在与航空公司沟通过程中双方发生纠纷，刘先生向上海长宁区法院提起诉讼。刘先生认为，航空公司没有积极查找遗失行李，对其查看监控视频的要求拖延、搪塞，在事发一周后才派人陪他向机场派出所报案，以致无法提供相关视频导致警方不予立案。刘先生主张，遗失的纸箱内存放有价值 7 万余元的名贵手表和金银饰品，另有 2 万元的借据以及学历证明等重要证件，要求航空公司赔偿上述经济损失及因补办证件发生的差旅费、误工费 1.9 万余元，共计 11 万元。

上海长宁区法院经两次公开开庭审理，对此案做出一审判决：被告航空公司应赔偿原告刘先生 180 元；驳回刘先生其余诉讼请求。

点评：

《客规》规定，乘客托运贵重物品应当进行申报，名贵手表、金银饰品、债权凭证、学历证明等物品体积并不庞大，应按随身行李自行保管。刘先生将贵重物品和重要证件放入一次性使用的纸箱打包托运，做法不妥，后果应当自负。航空公司在履行承运义务时没有故意和重大过错，因此按照行李重量，以每千克 100 元的标准赔偿刘先生损失。

单元一　行李运输概述

一、行李的概念

行李是指民航旅客在旅行中为了穿着、使用、舒适或者方便的需要而携带的物品和其他个人财物。

二、行李的分类和运输要求

1. 行李的分类

行李的分类见表 5—1。

表 5—1　　行李的分类

种类	定义	尺寸和重量
托运行李	旅客交承运人（航空公司）负责照管和运输并已经填开行李票的行李	尺寸＜40 厘米 ×60 厘米 ×100 厘米 重量＜50 千克
自理行李	经承运人（航空公司）同意由旅客带入客舱自行负责照管的行李	尺寸＜20 厘米 ×40 厘米 ×55 厘米 重量＜10 千克
随身行李	经承运人（航空公司）同意由旅客自行负责照管、带入客舱的小件物品	尺寸＜20 厘米 ×40 厘米 ×55 厘米 重量＜5 千克

2. 行李的运输要求

(1) 托运行李的运输要求

1）此类行李将被计重并贴上行李牌，放置于飞机行李舱或货舱中。

2）承运人（航空公司）在收运行李时，必须填写托运行李的件数及重量，登机牌贴上“行李牌识别联”，供旅客认领行李使用。

3）每件托运行李的重量不能超过 50 千克，体积不能超过 40 厘米 ×60 厘米 ×100 厘米。超过上述规定的行李必须事先征得承运人（航空公司）的同意才能托运。

4）对于超过免费托运行李额度的行李，旅客需要缴纳超额重量的逾重行李费，承运人（航空公司）方可承运。

5）到达目的地后，旅客凭“行李牌识别联”到行李大厅自行认领并提取行李。

(2) 自理行李的运输要求

1）此类行李由旅客带入飞机客舱，全程自行负责照管。

2）此类行李一般比较特殊，可以是易碎物品、贵重物品、外交信袋等特殊物品。每位旅客携带自理行李的重量不能超过 10 千克，体积每件不能超过 20 厘米 ×40 厘米 ×55 厘米，应能放入行李架内或座位底下，不妨碍客舱服务和旅客活动。

3）自理行李应与托运行李合并计重，拴挂自理行李牌。

(3) 随身行李的运输要求

1）此类行李由旅客随身携带，在旅途中使用，如食品、书报、外套等。

2）每位旅客随身行李重量应小于 5 千克（不计入免费行李额），体积不超过 20 厘米 ×40 厘米 ×55 厘米。

3）头等舱旅客每人可随身携带两件行李，其他旅客每人只能随身携带一件行李。超过上述重量、体积或件数限制的随身行李应托运。

三、声明价值行李

旅客托运行李在运输过程中发生损坏、丢失时，承运人（航空公司）按照每千克最高赔偿限额赔偿。旅客在托运行李时可以办理声明价值并付声明价值附加费，如行李损坏则可获得声明价值赔偿。

1. 声明价值行李运输的规定

（1）国内托运行李按每千克 100 元赔偿，国际托运行李按每千克 20 美元赔偿。随身行李赔偿上限为 3 000 元。

（2）旅客每件声明价值行李最高赔偿限额为 8 000 元，且不能超过行李本身实际价值。如果承运人（航空公司）对旅客声明价值有异议，而旅客拒绝接受检查，承运人（航空公司）有权拒绝收运。

（3）声明价值为外币时，按当日银行公布的买入价折算成人民币。

（4）自理行李、随身行李不办理声明价值。

（5）承运人（航空公司）按声明价值中超过最高赔偿限额部分价值的 5‰收取声明价值附加费。以元为单位，不足 1 元者进为 1 元。

（6）声明价值行李的计费重量为千克，不足千克者应进整，但实际重量应保留至小数点后一位。

（7）办理声明价值的行李重量不计入免费行李额，应按照逾重行李收取逾重行李费。

（8）一般只能在同一承运人（航空公司）的航班上办理行李声明价值。

2. 声明价值行李运输的注意事项

（1）办理声明价值的行李必须与旅客同机运出。

（2）在载重平衡表备注栏内必须注明办理声明价值行李的件数、重量、行李牌号码和装舱位置。

（3）声明价值行李运出时应发电报通知到达港。

3. 声明价值附加费计算

（1）国内航班声明价值附加费计算

国内航班声明价值附加费 =（行李的声明价值 −100 元 × 办理声明价值行李的重量）× 5‰。

小测试

旅客王某坐飞机从上海飞往广州，其中一件行李办理了声明价值，声明价值为 8 000 元人民币，行李重量为 10 千克。上海—广州经济舱正常票价为 1 820 元，请计算声明价值附加费。

解：声明价值附加费 =［行李的声明价值 −100 元 × 办理声明价值行李的重量］× 5‰

=（8 000−100 × 10）× 5‰

=35（元）

（2）国际航班声明价值附加费计算

国际航班声明价值附加费 =（行李的声明价值 −19SDR × 办理声明价值行李的重量）× 5‰。值得注意的是，外币应按当日汇率换算，以人民币进行计算。

小测试

旅客王小姐坐飞机从北京飞往巴黎，乘坐的经济舱正常票价为 5 280 元，托运一件行李的重量为 27.6 千克，其中 4 千克行李办理了声明价值，声明价值为 8 000 元。已知兑换率为 19SDR=184.227 4 元，请计算声明价值附加费。

解：声明价值附加费 =（行李的声明价值 −19SDR × 办理声明价值行李的重量）× 5‰

=（8 000−184.227 4 × 4）× 5‰

=36.315 4

≈ 36（元）

四、逾重行李

旅客的逾重行李在其所乘飞机载量允许的情况下，应与旅客同机运输。旅客应对逾重行李付逾重行李费。逾重行李费包括计重体系和计件体系两个收费标准。

1. 计重体系

计重体系按照旅客实际行李的重量，对免费行李额以外的逾重行李进行计算和收取逾重行李费。

（1）逾重行李费率

国内航班逾重行李费率按直达航班经济舱正常票价的 1.5% 计算，保留两位小数。逾重行李重量以千克为单位，小数点以后的数字四舍五入。运费以元为单位。

国际航班逾重行李费率按直达航班经济舱正常票价的 1.5% 计算，保留两位小数，不四舍五入。逾重行李重量以千克为单位，不足 0.5 千克的，按 0.5 千克计算；超过 0.5 千克的，进位到下一个整数。逾重行李费以元为单位。

即：

逾重行李费率 = 经济舱正常票价 ×1.5%

小测试

旅客刘某出差，坐经济舱从北京飞往拉萨，经济舱正常票价为 5 180 元，其行李重量为 45 千克，求刘某此次航程中的逾重行李费率。

解：逾重行李费率 = 经济舱正常票价 ×1.5%

=5 180×1.5%

=77.70（元 / 千克）

（2）逾重行李重量

逾重行李重量 = 行李实际重量 − 机票舱位免费行李额

小测试

旅客刘某出差，坐经济舱从北京飞往拉萨，经济舱正常票价为 5 180 元，其行李重量为 45 千克，经济舱旅客的免费行李额为 23 千克，求刘某此次航程中逾重行李的重量。

解：逾重行李重量 = 行李实际重量 − 机票舱位免费行李额

=45−23

=22（千克）

（3）逾重行李费

逾重行李费 = 逾重行李费率 × 逾重行李重量

小测试

旅客刘某出差，坐经济舱从北京飞往拉萨，经济舱正常票价为 5 180 元，其行李重量为 45 千克，经济舱旅客的免费行李额为 23 千克，求刘某此次航程中应付的逾重行李费。

解：由上两个“小测试”求得：

逾重行李费率 =77.70（元 / 千克）

逾重行李的重量 =22（千克）

可得：

逾重行李费 = 逾重行李费率 × 逾重行李的重量

=77.70×22

=1 709（元）

2. 计件体系

计件体系按照旅客实际行李的件数、行李的三边之和、行李重量、行李类别，扣除免费件数后，计算和收取逾重行李费。

五、行李牌和行李标贴

1. 行李牌

行李牌是承运人（航空公司）运输行李的凭证，也是旅客领取行李的凭证。行李牌上除了二维码外，还包括票号、旅客姓名（拼音）、航班信息、日期和办理机场等信息。行李牌按用途可分为直达运输行李牌和联程运输行李牌两种，按式样可分为粘贴式行李牌和拴挂式行李牌两种，如图 5—1、图 5—2 所示。粘贴式行李牌因打印方便、使用灵活、不易脱落，使用率较高。

为了防止行李运输差错和方便寻找行李，一般承运人（航空公司）会将粘贴式行李牌的联数设计为五联，见表 5—2。

表 5—2　　粘贴式行李牌的联数

联数	内容
第一联	粘贴在托运行李把手上，便于识别
第二联	粘贴在行李包装上，当第一联丢失时用以核查行李

续表

联数	内容
第三联	粘贴在撕下的客票联上，以备个别旅客由于某种原因没有登机，可以迅速找出旅客的托运行李牌号码，通知装卸人员将其托运行李卸下
第四联	粘贴在旅客登机牌上，供旅客在到达站领取托运行李时使用
第五联	粘贴在装运该行李的集装箱上，供拉卸行李时准确、快速地找出该件行李

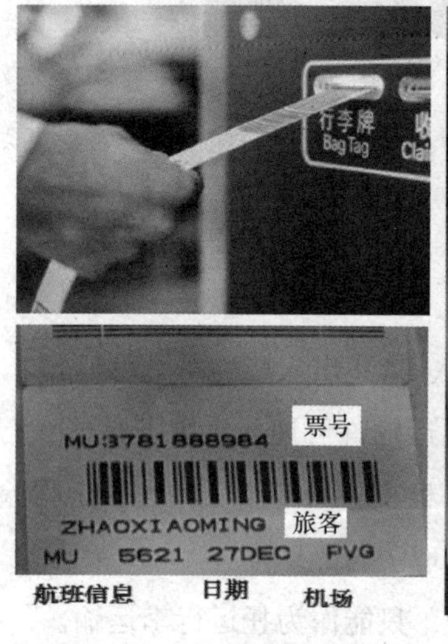

图 5—1　粘贴式行李牌

图 5—2　拴挂式行李牌

2. 行李标贴

使用木箱、纸箱包装的行李，应在箱子外面加贴行李标贴，以防与货物混淆而发生差错，如图 5—3 所示。

图 5—3　行李标贴

六、行李运输的一般规定

《客规》对民航行李运输有以下规定：

1. 国家法律规定的易燃易爆危险品和武器类物品、禁止出入境物品不得运输。

2. 用于狩猎和体育运动的枪支和弹药，可凭枪支运输许可证或者国务院体育行政部门的批准证明作为托运行李运输，但不得带入客舱。枪支必须卸下子弹和扣上保险妥善包装。弹药的运输应当按危险物品运输的有关规定办理。

3. 属于古董或者旅游纪念品的剑、刀及类似物品，只能作为托运行李运输。

4. 承运人（航空公司）为了运输安全，可以按规定程序对旅客行李进行检查。对拒绝接受行李检查的，承运人（航空公司）有权拒绝运输该旅客的行李。

5. 旅客凭行李牌 / 识别码领取托运行李，必要时交验客票及行李票。

6. 如果旅客在中途经停点领取托运行李，对已开始运输的逾重行李，未使用航段的已付运费不予退还。

7. 未交验行李牌而要求领取托运行李的，领取行李人应当提供承运人（航空公司）认为满意的证明，必要时填写承运人（航空公司）规定的申请书，声明同意赔偿由此可能造成承运人（航空公司）的损失。

8. 承运人（航空公司）应当采取一切必要的措施，按照公布的航班时刻，合理地运送旅客及其行李，并按客票及行李票上的合同条件办理。除非损失是由于承运人（航空公司）的故意或者明知可能造成损失而轻率地作为或者不作为所造成的，否则承运人（航空公司）对班期时刻表或者其他公布的航班时刻中的差错或者遗漏不承担责任。对其受雇人、代理人或者承运人的代表就始发或者到达时间、日期或者任何航班飞行所作的解释

也不承担责任。

七、行李运输的流程和内容

1. 行李运输的流程

行李运输的流程见表 5—3。

表 5—3　行李运输的流程

范围	具体流程
离港部分	办理行李托运手续，拴挂行李牌、贴标签，称重后收取逾重行李费，对声明价值行李收取声明价值附加费
	行李安检
离港部分	控制区行李的传输、分拣
	行李装运，装入货舱或行李舱
进港部分	从飞机上卸下行李，运送到候机楼控制区
	按航班对行李进行分类，放上行李提取装置，运送到航班对应行李传送带上
	旅客提取行李，行李成功交付

2. 行李运输的内容

（1）行李收运

值机人员收运旅客的托运行李，对逾重行李收取逾重行李费，填开逾重行李票，如图 5—4 所示。

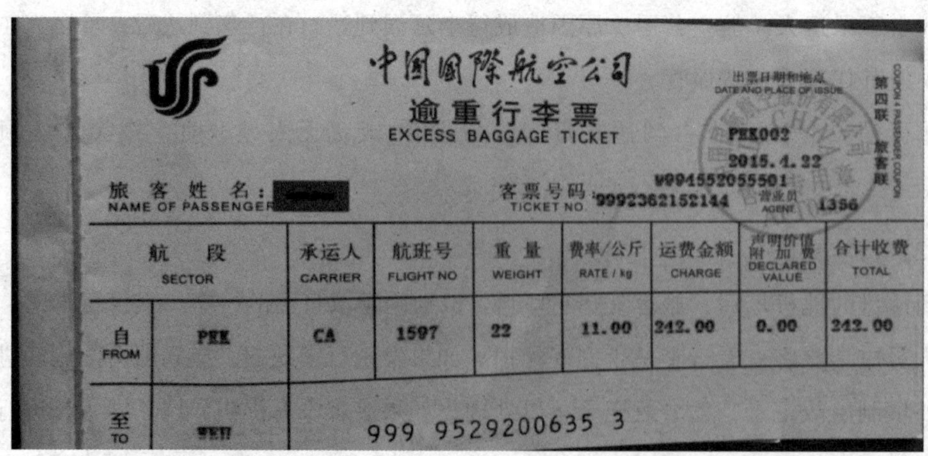
中国国际航空公司
逾重行李票
EXCESS BAGGAGE TICKET

出票日期和地点 DATE AND PLACE OF ISSUE
PEK002
2015.4.22
第四联 旅客联 COUPON 4 PASSENGER COUPON

旅客姓名：NAME OF PASSENGER
客票号码 TICKET NO. 9992362152144
999155205501
营业员 AGENT 1356

	航段 SECTOR	承运人 CARRIER	航班号 FLIGHT NO	重量 WEIGHT	费率/公斤 RATE / kg	运费金额 CHARGE	声明价值附加费 DECLARED VALUE	合计收费 TOTAL
自 FROM	PEK	CA	1597	22	11.00	242.00	0.00	242.00
至 TO	WEH							

999 9529200635 3

图 5—4　逾重行李票

托运行李的件数、重量应准确地填入旅客行李牌的相应栏中。每件托运行李都必须拴挂行李牌，并将行李牌识别联交给旅客。

（2）行李保管

1）基本规定

①值机人员与行李保管员、装卸员要建立交接制度。行李收运后，如果数量不符或行李损坏，要查清并做记录。如果发现无行李牌的行李，值机人员要会同行李保管员查清后方能运出，并记录清楚。

②由于航班取消而当日不能发运的行李，必须注意保管，防止丢失和损坏。如果装机后航班取消，应将行李卸下后保管。

③凡货运工作与行李保管装卸工作分开的航港，对行李保管要建立完整的工作制度。要设有行李保管员和仓库，不得将行李随意放在候机室、办公室等没有保管条件的地方。

④在行李保管期间需要检查行李内容时，应请示值班领导，会同公安或安检部门进行检查。

⑤行李收运后，如发现有松散、捆绑不牢等情况，应及时整修。必要时，可找旅客共同整修。

2）行李保管期限与保管费

①对于旅客未取行李，到达当日不收保管费，自到达次日起核收行李保管费。

②未与旅客同机到达的行李，自承运人（航空公司）发出到达通知的次日起，免费保管 3 天，逾期核收行李保管费。

③由于承运人（航空公司）原因造成行李延误到达，在行李到达后，承运人（航空公司）及其代理人免费保管。

④无法交付的行李自到达次日起，超过 90 天仍无人领取时，按无人认领行李处理。

（3）行李交付

到达目的地机场后，旅客凭借行李牌 / 识别码领取自己的行李。交付行李时，机场工作人员应请旅客查看行李是否完好无损。如果发现行李缺损，应立即会同旅客进行检查，并填制事故记录，凭事故记录予以处理，如果旅客没有提出异议，即为托运行李已完好交付。

单元二　行李运输不正常情况处理

在托运行李运输过程中，由于承运人（航空公司）工作失误造成的行李运输差错或行李运输事故，如行李迟运、错运（少收、多收）、漏卸、错发、损坏、遗失等，称为行李运输不正常。行李运输发生不正常情况时，应填写行李运输不正常事故记录（见表5—4），并及时处理，以尽量避免或减少因行李运输不正常造成的损失。

表5—4　　　　　　行李运输不正常事故记录

航班 / 日期	行李颜色 / 形状	行李运输不正常原因	处理结果	备注

一、迟运行李

1. 定义

迟运行李（Delayed Baggage）是指本次航班在始发站应载运而未能运出的行李。由于行李漏装、行李牌脱落不能辨认行李目的地或飞机载量不足等都可能造成行李未随旅客同机运出。迟运行李不包括由于飞机载量原因而被安排在后续航班运出的旅客逾重行李。

2. 迟运行李的处理

（1）始发站迟运行李的处理

1）在迟运行李登记表上编号、登记。

2）安排后续运输航班，并拍发行李运送电报给行李目的站或有关转运站，以便在航班到达时及时通知旅客。

3）由于行李牌脱落无法确定行李目的站而造成迟运，应向当日从本站起飞的所有航班和航班的中途站、目的站按多收行李（OHD）电报格式发报查询，在得到有关站的电报确认后，再将行李运出，运出前拍发行李运送电报。迟运行李运出前，应填写和拴

挂速运行李牌，按运送电报的航班日期将迟运行李运往行李到达站。

4）代理其他承运人（航空公司）迟运行李时，应通知该承运人（航空公司）驻本站代表。

(2) 目的站迟运行李的处理

目的站收到迟运行李后，应立即通知旅客提取。如旅客要求，也可将行李运送到其驻地，地面交通费由责任站承担。

迟运行李提取后，将迟运行李收到日期和交付日期用电报通知迟运行李的始发站和中转站。

(3) 转运站迟运行李的处理

如迟运行李中途必须转运，转运站收到行李后，应立即按运送电报或迟运行李牌上所列明的航班号、日期转运。

二、少收行李

1. 定义

少收行李（Missing Baggage）是指由于运输差错，使得航班到达后，目的站无法按规定的时间和行李数目向旅客交付应该同机运达但下落不明尚待查找的行李。

出现少收行李的原因主要包括以下几个方面：

（1）由于始发站行李漏装、行李错装或行李牌脱落无法辨认行李目的地而没有装上飞机。

（2）中途站错卸行李。

（3）到达站漏卸行李或行李与货物混淆而被卸到仓库或其他地方。

2. 少收行李的处理

(1) 查验旅客的客票、登机牌、逾重行李票和行李牌 (见表 5—5)

表 5—5　　查验项目及目的

查验项目	目的 (作用)	备注
客票	了解旅客的姓名、航班、航程、舱位、托运行李件数、托运行李重量、机票票号等	如果涉及日后赔偿问题，应复印旅客的客票留存
登机牌	了解旅客实际搭乘航班	如果有变更，应留存该登机牌

续表

查验项目	目的（作用）	备注
逾重行李票	了解旅客为这次行程支付逾重行李的重量和声明价值附加费，以及在哪段航程中支付了逾重行李费	如果涉及日后赔偿问题，应复印逾重行李票留存
行李牌	了解旅客的姓名是否与行李牌姓名相符，了解旅客的运输路线，包括航班、航程、日期、目的地等，也可以了解行李的件数和重量	

（2）了解少收行李的形状

通过咨询旅客了解少收行李的形状特征，如果是联程行李，还应向旅客询问行李的转运情况、最后看见行李的地点及是否已向联程站提出查询等信息。

（3）查看多收行李记录

查看多收行李记录以及外站发来的多收行李和运送行李电报。

（4）按照行李查找地点查找行李

查看行李到达大厅与行李传送带周围有无遗留行李；通知行李装卸人员检查货舱、集装箱内（必要时还可检查客舱）是否有漏卸行李；检查行李仓库，向货运仓库询问是否误将行李卸到货物仓库内，必要时向海关查询；沿到达行李运输路线查找。

（5）填写相关表格

填写行李运输不正常事故记录及少收行李登记表。

三、多收行李

1. 定义

多收行李（Found And Unclaimed Baggage）是指在本次航班行李交付工作结束后仍无人认领的行李。

出现多收行李的原因主要有以下几个方面：

（1）其他站错运至本站。

（2）中途站漏卸。

（3）行李牌在运输中脱落。

（4）行李牌挂错。

2. 分类

多收行李分为以下几类：挂有非本站行李牌，错运到本站的行李；挂有本站行李牌，行李交付工作结束后仍无人认领的行李；没有挂任何行李牌的行李，分为知道到达站航班号的无牌行李和不知道到达站航班号的无牌行李。

3. 多收行李的处理

（1）挂有非本站行李牌的多收行李

1）在多收行李登记表上编号、登记。登记时仔细查看行李外包装是否完整无损，有无上锁；行李上有旅客姓名、地址、电话号码时，应详细做好记录；对破损和无锁行李进行包扎或上铅封处理后过称称重，并做好记录；将多收行李登记表与少收行李登记表上记录的情况进行对照分析，以便从中找出少收行李。

2）填写并拴挂速运行李牌，保留原行李牌。

3）飞机到达后 2 小时内发出多收行李（OHD）电报。

4）选择合理的路线，以最快的航班把行李运送至原行李牌上的目的站。

5）向行李目的站、始发站、有关中转站发送行李电报。

6）如本站没有至行李目的站的航班，也无法通知其他航班中转，应将行李退回原发运站。

（2）无人认领和无行李牌的多收行李

如果在本站出现了无人认领的行李或者没有行李牌的行李，则按以下流程处理：

1）查看行李上的旅客姓名、地址标贴 / 牌或其他能识别旅客姓名、地址的标志和行李的颜色、类型等。必要时，经领导同意后，可以开启包装查看行李内物品（必须两人以上在场），以便从中得到有关线索，设法与旅客本人或单位有关人员联系。

2）核对其他站发来的少收行李电报。

3）如暂时无法找到旅客，应填写多收行李登记表和行李运输不正常事故记录，登记运达航班号、日期、行李的颜色和形状、行李的内容等，并拴挂多收行李记录卡后过称入库。

4）在航班到达后 4 小时内发多收行李电报，最晚不能超过飞机到达后第二天中午 12 点前，电报发给运达航班的始发站、中途站或终点站。若行李在 72 小时后仍无人认领，则向有关航站和行李查询中心拍发仍旧多收行李（SHL）电报，电报格式和内容与多收行李（OHD）电报相同。

5）将多收的行李存放在行李库房内妥善保管。从开始保管之日起，超过 90 天，可

按无法交付行李处理。

四、破损行李

1. 定义

旅客托运的行李在储存、运输过程中，因行李的外部受到损伤或行李的形状发生改变，而使行李的外包装或内容物受到损伤，称为行李破损。

行李破损分为明显破损和不明显破损。明显破损是指行李外包装有明显的破损痕迹或外包装变形。不明显破损是指行李外包装看不出有破损的迹象，但内容物受到损伤。

2. 行李破损的处理

（1）装卸时行李破损的处理

在装卸或传送行李时发生或发现行李破损，应会同行李装卸人员，按照规定填制行李装卸事故签证，采取必要的补救措施。如果发现出港行李破损，要求将破损行李修整，符合运输条件后方能运出。如果无法运输，应拍发行李破损（DMG）电报，通知行李目的站或／和有关中转站。

（2）提取时行李破损的处理

1）如果旅客提取行李时发现行李损坏，机场工作人员应立即会同旅客检查行李的外包装和内容物的损坏情况，并尽可能明确是承运人（航空公司）还是旅客的责任，检查内容包括：有无人为开、撬现象，破损痕迹的新旧，行李本身包装是否符合运输规定，整件行李的重量是否超过其包装所能承受的负荷，有无拴挂“免除责任行李牌”。

必要时可将破损行李过秤，核对旅客客票上列明的托运行李重量与实际重量是否相符，以确定行李的内容物是否短缺。

2）行李破损属承运人（航空公司）的责任时，机场工作人员应会同旅客填制破损行李记录表一式三份，一份交旅客收执，作为赔偿的依据；一份留受理部门存查；一份随行李索赔单交财务部门。

3）如果行李外包装完好无损，除旅客提出证明系承运人（航空公司）过失造成的外，对旅客向承运人（航空公司）提出的行李内装物品因破损而遭受损失的声明，可不予受理。

4）挂有“免除责任行李牌”的行李发生破损时，应查看免除责任行李牌上画“×”的项目，如属免除承运人（航空公司）责任的项目，承运人（航空公司）可不负破损责任。

5）如果代理其他承运人（航空公司）处理行李破损时，应请该承运人（航空公司）驻本场代表在破损行李记录表上签字，将破损行李记录表交该承运人（航空公司）代表处理。

五、无人认领行李

1. 定义

无人认领行李是指多收行李，包括旅客遗失的自理行李、手提行李和安全限制物品，经多方查询仍无法找到失主，保管期超过规定时限的行李物品。

2. 无人认领行李的处理

处理无人认领行李的工作由当地行李查询部门负责，在处理前应做好清点工作，编制无人认领行李登记表，经上级有关部门批准后，按以下规定进行处理：

（1）无价移交物品：军用品向当地军属部门移交，违禁品向当地公安部门移交，历史文物、珍贵图书向当地文化部门移交，海关监管物品向海关移交，金银珠宝向中国人民银行移交。

（2）有价移交物品：生产资料交当地有关物资部门处理，生活资料交当地商业部门付款收购，粮食、植物油料交当地粮食部门付款收购。

（3）鲜活、易腐或其他保管有困难的物品，报上级部门处理。

（4）处理所得款项应先扣除行李保管费、处理费用、关税等，余款交财务部门保管。如果旅客在处理之日起30天内前来认领行李，在提供适当证明并经承运人（航空公司）确认后，可将余款交还旅客，否则余款上交国库。

（5）属于运输事故并已由承运人（航空公司）赔偿的行李，其变卖款全部归承运人（航空公司）所有。

单元三　行李运输责任与赔偿

行李运输本身具有多、杂、碎等特点，涉及环节较多，在运输过程中发生行李破损、遗失、被盗以及延误几乎是不可避免的，这就必然涉及行李赔偿问题。

一、行李赔偿责任认定

1. 承运人（航空公司）责任

（1）旅客交运的行李在运输过程中发生丢失、破损、短少或延误等差错事故，承运人（航空公司）应负赔偿责任。

（2）如果丢失的行李只是全部交运行李的一部分，不管其丢失的价值如何，只能按该部分丢失的重量在全部行李重量中的比例承担责任。如果行李部分破损，应赔偿破损部分的价值和修理费。

（3）承运人（航空公司）交付行李时，如果旅客没有对行李的完好提出异议，并未填写行李运输不正常事故记录或破损行李记录，承运人（航空公司）不负赔偿责任。

（4）对于逾重行李的逾重部分，如果旅客未付逾重行李费，承运人对该部分不负赔偿责任。旅客私自带上飞机的物品，无论发生丢失或破损，承运人（航空公司）一律不负任何责任。

2. 免除责任

由下列情况造成行李的损失，除能证明是承运人（航空公司）的过失，否则承运人（航空公司）不负赔偿责任：

（1）因自然灾害或其他无法控制的原因。

（2）包装方法或容器质量不良，但从外部无法观察发现。

（3）行李本身的缺陷或内部物品所造成的变质、减量、破损、毁灭等。

（4）包装完整，封志无异而内件短少、破损。

3. 旅客责任

（1）旅客未遵守国家法律、政府规章及民航运输有关规定，行李内装有按规定不能夹带的运输物品，属于旅客责任。

（2）由于旅客原因造成民航或其他旅客的损失，应由造成损失的旅客负责。

二、赔偿限额

1. 行李损坏

旅客的托运行李全部或部分损坏、丢失，赔偿金额每千克不超过 100 元。如果行李

的价值每千克低于 100 元时，按实际价值赔偿，已收逾重行李费退还（外包装破损行李的重量按除去行李内容物后的外包装重量计算）。

2. 行李丢失

丢失行李是全部行李的一部分，按丢失的实际重量承担赔偿责任。若无法确定丢失行李的重量，每一旅客的丢失行李最多只能按该旅客享受的免费行李额赔偿。重要文件和资料、外交信袋、证券货币、汇票、贵重物品、易碎易腐物品，以及其他需专人照管的物品夹入行李内托运，一旦遗失或损坏，承运人（航空公司）按一般托运行李承担赔偿责任。

发生在上、下航空器期间或航空器上的事件造成旅客自理行李和随身行李丢失，承运人（航空公司）承担的最高赔偿金额每位旅客不超过 3 000 元。

3. 行李污损

托运行李在运输过程中发生污损，造成行李内容物或行李箱表面污损，按污损物的重量根据每千克最高赔偿限额赔偿。

4. 行李报废

（1）托运行李的行李箱（包）在运输过程中发生破损，不能继续使用，如需购买新行李箱（包），应凭购箱（包）发票及破损行李箱（包）报销。软质行李箱（包）报销的最高限额为 500 元。

（2）价值较高的软、硬箱（包）发生破损（高于以上各条款的），可以按破损空箱原值按使用年限折旧后赔偿，但必须请示当日值班领导同意后执行。

（3）最高赔偿限额均不得高于破损行李的原实际价值。

三、临时生活日用品补偿费

旅客托运行李未能与旅客同机到达，造成旅客旅途生活不便，承运人（航空公司）应给予旅客临时生活日用品补偿费，同时填写临时生活日用品付款单（见图 5—5）一式三联，第一联为会计联，送交财务；第二联为存根联，附在行李运输不正常事故记录上，以便赔偿时参考；第三联为旅客联，由旅客收执。

临时生活用品补偿费一次性发给旅客，标准为：头等舱、公务舱旅客为 120 元 / 人，经济舱旅客为 100 元 / 人。

支付临时生活日用品补偿费后，如果旅客行李未能找到而需进行赔偿，该补偿费将作为本公司对行李赔偿的一部分，从赔偿金额中扣除。如果行李找到，旅客无须退回补偿费。

如果存在下列情况，航空公司不提供日用品补偿费：

（1）旅客乘坐航空公司航班到达本站，但行李在外站已遗失，且在本站申报遗失前，行李并非该航空公司承运。

（2）行李由当天的后续航班运达。

（3）行李贴挂有免除责任行李牌，其免责项目为“旅客晚交运行李”。

（4）逾重行李因载量不足而被撤下。

（5）旅客的永久或长期地址为托运行李的目的地。

临时生活日用品付款单

RECEIPT FOR ACCOMODATION

FOR DAILY NECESSITIE

兹有我（签名人）在乘坐________航班旅行时未收到我的交运行李，愿接受承运人（航空公司）支付的如下金额以购买临时生活必需品。我理解并同意将来如找不到我的行李，如下金额将计算入承运人（航空公司）对我的赔偿款项内。

I, the undersigned, received from the carrier, the following sum for the Purchase of temporary Necessary Personal items due to the non-delivery of my checked baggage during the course of my travel on Flight，it is understood and agreed that above payment will be applied and credited to any future adjustment made to me by the carrier, in the event that my baggage is not located.

旅客姓名 Passenger' s name	客票号码 Ticket form and serial No.
地址 Address	
航班 / 日期 Flight/Date	
行李牌号码 Bagg. Tag serial No.	
金额 The sum of	
旅客签字 Passenger' s signature	日期 Date
经手人： Prepared by	批准人签字： Approved by

图 5—5　临时生活日用品付款单

四、索赔和诉讼

1. 赔偿要求的提出和处理

托运行李发生损坏或者延误，旅客应当在发现损坏或者延误后立即向承运人（航空公司）提出异议，至少应当在下列规定期间提出异议，否则丧失索赔权：

（1）旅客领取了托运行李后，若发现托运行李发生损坏，最迟应当在实际收到托运行李之日起 7 天内提出。

（2）旅客托运行李发生延误的，最迟应当在托运行李交付旅客之日起 21 天内提出。

（3）由于航空公司责任造成旅客行李丢失、破损等，旅客必须在该行李应当交付之日起 7 天内，凭行李运输不正常事故记录或破损行李记录向受理航站提出索赔要求。如果旅客已离开受理航站，由受理航站将有关资料和处理意见委托距旅客所在地最近的民航站处理。

（4）受理航站在接到旅客索赔要求时，应于 3 天内查明情况和原因，7 天内决定是否赔偿，并将处理意见答复旅客。受他站委托处理旅客索赔要求时，必须在 3 天内将委托站办理赔偿的决定答复旅客。

（5）收到国际航班旅客行李赔偿要求时，受理航站应立即查找。21 天仍查找不到时，如果手续完备，可按有关规定赔偿。

（6）旅客托运行李发生损失或延误的，如果有索赔要求，索赔人应当在发现损失后向航空公司或行李查询部门提出书面异议。

（7）航空公司不受理旅客本人以外的其他人的索赔，除非索赔人已取得旅客本人签名的授权书。

（8）行李索赔可在行李的始发站、目的站办理。始发站办理赔偿时，必须得到目的站授权或证实并确信在目的站未做赔偿，方可办理。旅客如果对航空公司的赔偿有不同意见，可在受理航站或航空公司法定地点提出诉讼。

（9）赔偿责任的诉讼时效期间为 2 年，应从飞机到达目的地之日起，或从飞机应当到达目的地之日起，或从运输终止之日起计算，否则自动丧失任何损失的诉讼权。

2. 行李赔偿的处理流程

受理赔偿时，航空公司应核实旅客的所有票证和文件，如确定航空公司无运输责任，应及时答复旅客，说明不予赔偿的理由和根据，退还旅客所有有关票证和文件；如

确定航空公司有运输责任，应为旅客（包括持折扣票的旅客）办理赔偿手续。

办理赔偿手续时，根据航空公司行李赔偿规定提出赔偿意见并与旅客协商，确定赔偿金额。经审批后填写旅客行李索赔单（见图 5—6），将旅客联交予旅客。旅客已交付逾重行李费的，应将赔偿重量的逾重行李费退还旅客。

3. 赔偿费用的承担和结算

（1）行李的赔偿费用（包括赔偿款、修理费、损坏补偿费、交付行李运输费、临时生活日用品补偿费等）均由承运人（航空公司）承担。

（2）如属其他承运人（航空公司）责任而受理航站垫付的赔偿，由受理航站于每月底向航空公司结算。

旅客行李索赔单
Claim form of Damage Or Loss of Passenger Baggage

旅客姓名
Passenger's name__________

地址
Address__________

工作单位
Profession/service__________

客票号码 Ticket No.______　行李牌号码 Tag No.______

航班号 Flight No.____　月 Month____　日 Date____　航班号 Flight No.____　月 Month____　日 Date____

发生事故的日期和地点
Date and Place of Occurrence__________

损失或遗失的主要情况
Details of Damage or loss__________

件数 No.of Pieces______　重量 Weight______　声明价值 Declared Value______

行李内容
List of Contents__________

索赔金额
Amount Claimed__________

索赔人签字或盖章 Signature of Claimant______　日期 Date______　地点 Place______

图 5—6　旅客行李索赔单

（3）赔偿费用结算时，附以下材料（原件或复印件均可）：旅客行李索赔单、丢失行李调查表、证明行李内容和价值的有关材料、行李运输不正常事故记录或破损行李记录、行李装卸事故签证、行李领取凭证、行李赔偿费收据及往来电报等。国内航班的赔偿结算币种为人民币。

思考与练习

1. 简述行李的种类。
2. 行李运输的内容有哪些？
3. 简述行李运输不正常的分类。
4. 简述行李赔偿的责任认定。
5. 简述行李索赔的流程。

模块六 民航旅客运输应急救援处置

学习目标

☞ 了解机场紧急事件的定义、分类

☞ 了解机场应急救援机构及其职责

☞ 掌握机场应急处置程序

☞ 掌握机场应急救援服务流程

☞ 掌握火灾救援知识

案例导入

2014年10月，某架大型客机准备进近时，飞行员发现起落架发生故障，机长迅速向塔台报告情况。得知情况后，机场方面迅速进行航空管制，机场消防部门派出30部消防车赶赴现场，向备降跑道喷射轻水泡沫。飞机在迫降过程中，发动机起火，机场消防车与重型泡沫车立即对火势进行压制，经过三个小时的扑救，险情得到控制。事后分析，此次成功救援的原因主要有：

（1）由于飞机的燃油耗尽，迫降过程中没有发生爆炸。

（2）在备降的跑道上喷射轻水泡沫，减少了飞机爆炸的概率。

（3）机场消防车和重型泡沫车在跑道上跟随飞机边行进边喷泡沫，抑制了火源进一步扩大。

点评：

近几年，随着民航运输业的高速发展，航空器事故和机场紧急事件呈高发趋势。因此，完善紧急事件应急处置机制，提高应急处置能力，已经成为从中国民用航空局、民航运输企业到所有机场及驻场单位共同的职责和义务。

一、机场紧急事件概述

民用运输机场（以下简称机场）及其邻近区域内（距机场基准位置点8千米范围内），各种航空器或机场固有设施发生或可能发生严重损坏及导致有关人员伤亡的情况，称为机场紧急事件。

机场紧急事件分为航空器紧急事件和非航空器紧急事件两种。

1. 航空器紧急事件

（1）航空器失事。

（2）航空器空中故障。

（3）航空器受到非法干扰，包括劫持、爆炸物威胁。

（4）航空器与航空器相撞。

（5）航空器与障碍物相撞。

（6）涉及航空器的其他紧急事件。

2. 非航空器紧急事件

（1）对机场设施的爆炸物威胁。

（2）建筑物失火。

（3）危险物品污染。

（4）自然灾害。

（5）医学紧急情况。

（6）不涉及航空器的其他紧急事件。

二、机场应急救援等级

对于非航空器紧急事件，应急救援不分等级。对于航空器紧急事件，应急救援分为紧急出动、集结待命和原地待命三个等级。

1. 紧急出动

发生航空器坠毁、爆炸、起火、严重损坏等紧急事件，各救援单位应当按指令立即出动，以最快速度赶赴事故现场。

2. 集结待命

航空器在空中发生故障，随时有可能发生航空器坠毁、爆炸、起火、严重损坏，或者航空器受到非法干扰，各救援单位应当按指令在指定地点集结。

3. 原地待命

航空器发生空中故障等紧急事件，且其故障对航空器安全着陆可能造成困难，各救援单位应当原地待命，做好紧急出动的准备。

三、机场应急救援机构及其职责

《民用运输机场应急救援规则》规定了机场处理紧急事件的应急救援机构和其职责。

1. 应急救援领导小组

每个机场应当成立机场应急救援领导小组，并设立机场应急救援指挥中心，作为其常设办事机构。

机场应急救援领导小组是机场应急救援工作的最高决策机构，由当地人民政府、民航地区管理机构或其派出机构、机场管理机构、空中交通管理部门、有关航空器营运人和其他驻场单位共同组成。

机场应急救援指挥中心负责日常应急救援工作的组织和协调工作，根据机场应急救援领导小组的授权，负责组织实施机场应急救援工作。

2. 空中交通管理部门

空中交通管理部门在应急救援工作中的主要职责如下：

（1）将获知的紧急事件情况按照应急救援计划规定的程序通知有关部门。

（2）及时了解机组意图和紧急事件的发展情况，并报告指挥中心。

（3）负责发布有关因紧急事件影响机场正常运行的航行通告。

（4）及时提供紧急事件所需要的气象情报，并通知有关部门。

3. 驻场消防部门

驻场消防部门在应急救援工作中的主要职责如下：

（1）救助被困遇险人员，防止起火，组织实施灭火工作。

（2）协调地方消防部门的应急支援工作。

4. 驻场公安机关

驻场公安机关在应急救援工作中的主要职责如下；

（1）协调驻场部队、机场保安人员的救援工作。

（2）设置现场安全警戒线，保护现场，维护现场治安秩序。

（3）参与核对死亡人数、死亡人员身份。

（4）制服、缉拿犯罪嫌疑人。

（5）组织处置爆炸物、危险品。

（6）疏导交通，保障救援道路畅通。

（7）进行现场取证、记录、录音、录像等工作。

5. 驻场医疗部门

驻场医疗部门在应急救援工作中的主要职责如下：

（1）组织进行伤情分类、现场救治和烧伤人员后送工作。

（2）随时向指挥中心报告人员伤亡情况。

（3）进行现场处置、人员伤亡及后送等情况的记录工作。

6. 航空器营运人及其代理人

航空器营运人及其代理人在应急救援工作中的主要职责如下：

（1）提供事故航空器详细信息，及时公布航班旅客名单及身份信息、航空器所载危险品及其他货物等情况。

（2）配合完成现场救援和处理工作。

（3）联系旅客家属，协商解决救援赔偿工作。

其他参与应急救援工作单位的职责，根据与机场订立的互助协议加以明确。

四、机场应急救援处置流程

1. 航空器紧急事件应急救援处置流程

（1）当航空器在空中出现故障，且随时可能发生坠毁、爆炸、起火、严重损坏的情况时，机场应急救援指挥中心应立即通知机场各单位到指定地点集结待命，并随时准备出动，同时应迅速报告当地应急指挥部门和地方民航管理部门，当地应急指挥部门组织协调相关单位和专业应急队伍赶赴机场指定地点待命，并随时听候调遣、实施救援。

（2）当已发生航空器失事、爆炸、起火、严重损坏等突发事件时，机场应急救援指挥中心应立即下达紧急出动指令，拉响紧急警报，同时立即报告当地应急指挥部门，当地应急指挥部门组织协调相关单位和专业应急救援队伍以最快速度赶赴事故现场开展救援工作。

2. 非航空器紧急事件应急处置流程

（1）机场气象灾害应急处置流程

当机场出现气象灾害且导致机场无法正常运行时，机场应急救援指挥中心应迅速报告当地应急指挥部门，协调气象部门，由当地气象灾害应急指挥部启动相应等级应急预案，实施应急处置。

（2）机场地质灾害应急处置流程

当机场发生地质灾害且导致机场无法正常运行时，机场应急救援指挥中心应迅速报告当地应急指挥部门，协调国土资源部门，由当地地质灾害应急指挥部启动相应等级应

急预案，实施应急处置。

（3）机场火灾事故应急处置流程

当机场发生火灾事故且导致机场无法正常运行时，机场应急救援指挥中心应立即报告当地应急指挥部门，协调消防部门，由当地火灾事故应急指挥部启动相应等级应急预案，实施应急处置。

（4）机场食品安全事故应急处置流程

当机场发生食品安全事故，严重影响旅客身体健康与生命安全且导致机场无法正常运行时，机场应急救援指挥中心应立即报告当地应急指挥部门，协调市场监督管理部门，由当地食品安全事故应急指挥部启动相应等级应急预案，实施应急处置。

（5）机场突发公共卫生事件应急处置流程

当机场出现突发公共卫生事件，严重影响旅客身体健康与生命安全且导致机场无法正常运行时，机场应急救援指挥中心应立即报告当地应急指挥部门，协调卫生部门，由当地突发公共卫生事件应急指挥部启动相应等级应急预案，实施应急处置。

五、机场应急救援服务

1. 应急救援服务对象

罹难者是指在民用航空器飞行事故中死亡的人员，包括机组人员、持有运输凭证的旅客、免费旅客以及第三人。

幸存者是指在民用航空器飞行事故中没有因为事故受到致命伤害或者受到致命伤害经抢救而存活的人员。

失踪者是指在民用航空器飞行事故中失踪的人员。

家属是指民用航空器飞行事故罹难者、幸存者、失踪者的配偶、子女、父母、兄弟姐妹、祖父母、外祖父母。

民航运输企业在发生民用航空器飞行事故后，应当对涉及事故的罹难者、幸存者、失踪者及其家属提供物质上和精神上的援助。

知识窗

考虑到民用航空器事故罹难者及其家属的迫切需要，国际民航组织在1998年10月召开的第32届大会上审议了关于援助航空器事故罹难者及其家属的议题，呼吁各缔约国重申它们支援民用航空事故罹难者及其家属的承诺，敦促有关国家

制定家属援助计划。2001 年，国际民航组织发布了《航空器事故遇难者及其家属援助指南》，作为提供给各缔约国制定此类规定的参考文件。

2. 应急救援服务流程

（1）收集应急信息

民航运输企业各部门遇到紧急事件（如公共卫生事件、旅客伤亡或严重病症、旅客霸机、机上旅客冲突等）后，应立即向运行控制中心提供准确航班及旅客信息。运行控制中心应及时上报航空公司领导、机场应急部门、地区民航管理部门，并通知受影响的单位、基地和航站。

（2）制定应急处置措施

民航运输企业启动应急程序，应急小组根据所获取的信息及事态发展趋势做出相应的处置方案，并通过电话方式通知飞行部门、商务部门、机务部门、地面服务部门、客舱部门等相关部门。

（3）实施应急处置方案

应急小组持续获取应急事件的最新进展情况，各部门继续执行应急预案，直至机场应急救援指挥中心宣布解除应急程序。

（4）留存应急事件处置文档

应急事件处置完成后，应急小组应把应急事件处置过程的全部记录和文档进行整理和留存。如无特殊要求，留存期限至少两年。

3. 应急救援服务内容

民航运输企业得知发生民用航空器飞行事故后，应当立即启动应急预案，在第一时间报告中国民用航空局，并做好以下服务工作：

（1）向机场应急救援指挥中心提供航班号、机型、航空器国籍登记号、机组组成人员情况，旅客人员名单及身份证件号码、联系电话、机上座位号、国籍、性别，行李数量，航空器燃油量，航空器所载危险品及其他货物等情况。

（2）立即公布供罹难者、幸存者、失踪者家属查询的电话号码；及时报告外籍旅客的必要信息，以便外交部门及时与有关外国使领馆取得联系；在航空器起飞、降落机场设立接待机构，负责接待、查询工作。

（3）负责通知伤亡旅客的家属，对家属给予物质上和精神上的帮助。

1）为家属出发、到达、离开事故现场的交通提供便利。

2）为家属选择符合要求的居住和活动场所和其他必要的后勤保障。

3）派出经过训练的人员为家属提供精神抚慰。

4）为罹难者、幸存者、失踪者及其家属提供必要的医疗卫生保障。

5）为实施家属援助提供必要的经费。

6）提供其他与民用航空器飞行事故相关的必要援助。

7）及时公布家属联络等工作进展情况，以便与罹难者、幸存者、失踪者家属进一步联络。

上述援助费用由航空运输企业承担。

（4）在指挥中心或者事故调查组负责人允许下，负责货物、邮件和行李的清点和处理工作。

（5）在航空器出入境过程中发生紧急事件时，负责将事故的基本情况告之海关和边防部门。

（6）负责残损航空器的搬移工作，协助应急小组完成事故调查工作。

（7）负责死亡旅客遗物的交接工作及伤亡旅客的善后处理事宜，必要时满足事故罹难者、幸存者、失踪者家属的合理需要。

六、一般急救知识

1. 防火、灭火知识

燃烧需要具备三个条件，即可燃物（木材、汽油、金属钠等）、助燃物（氧气等）和点火源（明火、烟火、电火花等）。航空器由于携带大量燃油，且钠、镁类机载金属遇水会自动燃烧，因此一旦起火很难被扑灭，且极易发生爆炸。

（1）火灾分类和对应灭火器

火灾分类和对应灭火器见表 6—1。

表 6—1　火灾分类和对应灭火器

分类	定义	灭火器
A 类	固体物质火灾，如木材、干草、煤炭、棉、毛、麻、纸张等火灾	水型灭火器、泡沫灭火器、干粉灭火器、卤代烷灭火器
B 类	液体或可熔化的固体物质火灾，如煤油、柴油、原油、甲醇、乙醇、沥青、石蜡、塑料等火灾	泡沫灭火器（化学泡沫灭火器只限于扑灭非极性溶剂火灾）、干粉灭火器、卤代烷灭火器、二氧化碳灭火器

续表

分类	定义	灭火器
C类	气体火灾，如煤气、天然气、甲烷、乙烷、丙烷、氢气等火灾	干粉灭火器、水、七氟丙烷灭火器
D类	金属火灾，如钾、钠、镁、钛、锆、锂、铝镁合金等火灾	粉状石墨灭火器、干粉灭火器、干砂或铸铁屑末
E类	带电火灾，如物体带电燃烧的火灾	干粉灭火器、卤代烷灭火器、二氧化碳灭火器
F类	烹饪器具内的烹饪物（如动植物油脂）的火灾	干粉灭火器、沙土

(2) 烧伤人员急救知识

对于烧伤人员，可采取以下急救措施：

1）扑灭烧伤人员身上的火焰，带烧伤人员迅速离开火场。当烧伤人员衣服着火时，应采用各种方法尽快灭火，如水浸、水淋、就地卧倒翻滚等，千万不可让烧伤人员直立奔跑或站立呼喊，以免助长燃烧，引起或加重呼吸道烧伤。灭火后应立即将烧伤人员衣服脱去，如衣服和皮肤粘在一起，可在救护人员的帮助下把未粘的部分剪去，并对创面进行包扎。

2）防止休克、感染。为防止烧伤人员休克和创面发生感染，应给烧伤人员口服止痛片（有颅脑或重度呼吸道烧伤时禁用吗啡）和磺胺类药或肌肉注射抗生素等。

3）保护创面。为防止烧伤人员创面感染和加深，应立即用棉布包扎其烧伤创面。当烧伤人员手足受伤时，应将各个手指、脚趾分开包扎，以防粘连。

4）合并伤处理。烧伤人员有骨折情况，应予以固定；有出血情况，应紧急止血；有颅脑、胸腹部损伤情况，应给予相应处理并及时送医院救治。

2. 触电救援知识

人体触电后，电流可能直接流过人体的内部器官，导致心脏、呼吸系统和中枢神经系统机能紊乱，形成电击，或者电流的热效应、化学效应和机械效应对人体的表面造成电伤。无论是电击还是电伤，都会给人体带来严重的伤害，甚至危及生命。因此，救援人员必须熟练掌握触电救援知识。

(1) 脱开电源

发生了触电事故，要立即使触电者脱离电源。使触电者脱离低压电源应采取的方法如下：

1）就近拉开电源开关，拔出插销或保险，切断电源。

2）用带有绝缘柄的利器切断电源线。

3）用干燥的木棒、竹竿等绝缘体将电线或触电者拨开，使触电者脱离电源。

4）用干燥的木板垫在触电者身体下面，使其与地面绝缘。

(2) 现场急救

根据触电者的情况，分别进行以下处理：

1）触电者神志清醒，但有乏力、头昏、心悸、出冷汗，甚至有恶心或呕吐现象时，应使其就地安静休息，减轻心脏负担；情况严重时，应立即小心送往医院治疗。

2）触电者呼吸、心跳尚存在，但神志昏迷。此时，应将触电者仰卧，确保周围空气流通，并注意保暖。除了要严密观察外，还要做好人工呼吸和心脏按压的准备工作。

3）如果检查发现触电者处于“假死”状态，则应立即针对不同类型的“假死”进行对症处理：如果触电者呼吸停止，应用人工呼吸法来维持气体交换；如果触电者心脏停止跳动，应用心脏挤压法来维持血液循环。

3. 创伤救护知识

创伤分为开放性创伤和闭合性创伤两种。开放性创伤是指皮肤或黏膜的破损，常见的有擦伤、切割伤、撕裂伤、刺伤、撕脱伤、烧伤等；闭合性创伤是指人体内部组织的损伤，而没有皮肤黏膜的破损，常见的有挫伤、挤压伤等。

(1) 开放性创伤的处理

1）对伤口进行清洗消毒。可用生理盐水和酒精棉球将伤口和周围皮肤上沾染的泥沙、污物等清理干净，并用干净的纱布吸收水分及渗血，再用酒精等药物进行初步消毒。在没有消毒条件的情况下，可用清洁水冲洗伤口，最好用流动的自来水冲洗，然后用干净的布或敷料吸干伤口上的水。

2）止血。如果伤口出血不止，应根据出血类型和部位不同，采用不同的止血方法：

直接压迫——将手掌通过敷料直接加压在身体表面开放性伤口的整个区域。

抬高肢体——如果手、臂、腿部有严重出血的开放性伤口，应抬高受伤肢体，使受伤肢体高于心脏水平线。

包扎——使用绷带、毛巾、布块等材料压迫止血，保护伤口，减轻疼痛。

(2) 闭合性创伤的处理

1）处理较轻的闭合性创伤时，可在受伤部位进行冷敷，防止组织继续肿胀，减少

皮下出血。

2）如果人员从高处坠落或摔伤，要仔细检查其头部、颈部、胸部、腹部、四肢、背部和脊椎，看是否有肿胀、青紫、局部压疼、骨摩擦声等情况。出现上述情况时，伤员身体可能有内部损伤，此时不能随意搬动伤员，否则可能加重病情。

常用的搬运方法有：

担架搬运法——用担架搬运时，要使伤员头部向后，以便抬担架的人员可随时观察其变化。

单人徒手搬运法——轻伤者可扶着走，重伤者可伏在救护人员背上，双手绕颈交叉垂下，救护人员用双手自伤员大腿下抱住伤员。

3）如怀疑有内伤，应尽早送伤员去医院处理。运送伤员时要采取卧位，注意保持伤员呼吸道畅通，防止休克。

4）运送过程中，如果伤员突然出现呼吸、心跳骤停，应立即采取人工呼吸和心脏按压等急救措施。

4. 中毒急救知识

（1）食物中毒的救护

1）人员发生食物中毒，出现呕吐、腹泻等症状时，应尽量让中毒者大量饮水，刺激喉部使其呕吐。

2）立即将中毒者送往就近医院治疗。

3）及时报告机场应急救援指挥中心和当地卫生防疫部门，并保留剩余食品以备检验。

（2）毒气中毒的救护

1）有人发生毒气中毒时，应及时把中毒者平放于通气良好的区域，解开其领口、袖口。如果中毒者昏迷，应通过人工呼吸帮助中毒者恢复心跳直至苏醒。

2）及时报告机场应急救援指挥中心和当地卫生防疫部门。

3）及时把中毒者送往医院救治。

5. 中暑急救知识

（1）迅速转移：将中暑者迅速转移至阴凉通风的地方，解开衣服、脱掉鞋子，让其平卧，注意头部不要垫高。

（2）降温：用凉水或酒精擦其全身，直到皮肤发红、血管扩张，促进其身体散热。

（3）补充水分和无机盐类：对于能饮水的中暑者，应鼓励其大量饮用盐水或其他饮

料，对于不能饮水者，应予以静脉补液。

（4）对中暑者严密观察，精心护理，尽快送往就近医院治疗。

6. 传染病急救知识

由于机场人员较多，如果控制不当，容易造成集体感染传染病。因此，当发现有人员感染传染病时，需要采取正确的措施加以处理，以防止大面积人员感染传染病。

（1）发现人员感染传染病，应立即报告机场应急救援指挥中心和卫生防疫部门，对患者进行隔离，并启动应急救援方案。

（2）及时把患者送往医院进行治疗，注意陪同人员必须做好防护隔离措施。

（3）对可能出现病因的场所进行隔离、消毒，严格控制疾病的再次传播。

（4）加强对现场员工的教育和管理，落实各级责任制，严格履行员工进出现场登记手续，做好病情的监测工作。

思考与练习

1. 简述机场紧急事件的定义和分类。
2. 机场应急救援分为哪几个等级？
3. 简述机场应急救援服务流程。

简介

Introduction

本教材适用于全国技工院校航空服务专业（中级技能层级）和全国中等职业学校航空服务专业。教材共分六章，首先对民航运输进行了概述，然后分别介绍了民航旅客运输票务、民航旅客运输服务、民航旅客运输不正常业务处理、民航旅客行李运输与赔偿、民航旅客运输应急救援处置等内容。

教材立足企业岗位实际，围绕民航运输的主要业务编写，具有较强的针对性和可操作性。根据学生认知规律，教材在编写中加入了大量的图表，辅助讲解知识点和技能点，易于教师教学和学生理解。教材配有电子课件，可通过职业教育教学资源和数字学习中心（http://zyjy.class.com.cn）下载。

本教材由张根岭、郎德琴任主编，刘婷、李华、韩丹参加编写，冯昕任主审。

图书在版编目（CIP）数据

民航旅客运输 / 张根岭，郎德琴主编．-- 北京：中国劳动社会保障出版社，2019
全国技工院校航空服务专业教材．中级技能层级　全国中等职业学校航空服务专业教材
ISBN 978-7-5167-4182-5

Ⅰ．①民…　Ⅱ．①张… ②郎…　Ⅲ．①民用航空 – 旅客运输 – 中等专业学校 – 教材
Ⅳ．① F560.83

中国版本图书馆 CIP 数据核字（2019）第 190874 号

中国劳动社会保障出版社出版发行
（北京市惠新东街 1 号　邮政编码：100029）
*
辽宁虎驰科技传媒有限公司印刷装订　新华书店经销
787 毫米 × 1092 毫米　16 开本　9 印张　149 千字
2019 年 9 月第 1 版　2025 年 12 月第 6 次印刷
定价：18.00 元

营销中心电话：400-606-6496
出版社网址：http://www.class.com.cn
http://jg.class.com.cn

全国技工院校航空服务专业教材（中级技能层级）
全国中等职业学校航空服务专业教材

民航旅客运输

Minhang Lüke Yunshu

张根岭　郎德琴　主编

中国劳动社会保障出版社